U0113805

刘未鸣 段敏 主编

创作者记述：
胸有锦绣付笔端

中国文史出版社

图书在版编目（CIP）数据

创作者记述：胸有锦绣付笔端／刘未鸣，

段敏主编 . ——北京：中国文史出版社，2020.11

（纵横精华 . 第七辑）

ISBN 978 - 7 - 5205 - 2572 - 5

Ⅰ . ①创… Ⅱ . ①刘… ②段… Ⅲ . ①历史人物 - 列

传 - 中国 - 近现代 Ⅳ . ①K820.5

中国版本图书馆 CIP 数据核字（2020）第 228258 号

责任编辑：胡福星

出版发行：**中国文史出版社**

社　　址：北京市海淀区西八里庄路 69 号　　邮编：100142

电　　话：010 - 81136606　81136602　81136603　81136605（发行部）

传　　真：010 - 81136655

印　　装：北京新华印刷有限公司

经　　销：全国新华书店

开　　本：787 × 1092　1/16

印　　张：12

字　　数：150 千字

版　　次：2021 年 2 月北京第 1 版

印　　次：2021 年 2 月第 1 次印刷

定　　价：42.00 元

《纵横精华》编辑委员会

主　　编：刘未鸣　段　敏

执行主编：金　硕

编　　委：全秋生　孙　裕
　　　　　李军政　胡福星

出版说明

　　《纵横》杂志是全国第一份集中发表回忆文章的期刊，自 1983 年创刊以来，以"亲历、亲见、亲闻"为视角，如实记录和反映中国近现代史上的重大事件、人物故事及各地独特的历史文化与地方政协文史资料工作情况，以跨越时空的广阔视野，纵览百年历史风云，横观人生社会百态。曾荣膺中国出版政府奖期刊奖提名奖，在读者中具有广泛影响。

　　本套"纵横精华"系列丛书，是按主题将历年《纵横》杂志刊发的读者反响较好的文章结集。自 2018 年开始，已陆续出版了历史、文化、文学、艺术、情感、人文等二十余种主题图书。所收文章个别文字有所修订，其他均保持原貌。

　　因收录文章原发表时间较久远，未能联系到的作者，请与中国文史出版社联系，以便支付稿酬。

编　者

2020 年 12 月

目 录

朱自清：春晖中学的"背影"

———

赵　畅

　　朱自清的《背影》，不知打动过多少读者。如果说，朱自清的父亲的"背影"是感人的话，那么，20世纪20年代朱自清先生在享誉"北有南开，南有春晖"的江南名校——浙江上虞春晖中学执教留下的"背影"，同样让当时的师生和众多后来者怦然心动。人们永远不会忘记，1924年3月2日，朱自清来到春晖中学任国文课教员。自四年前在北京大学以优异学业提前毕业至今，朱自清已在浙江一师、上海中国公学、浙江六师、温州十中以及宁波四中等地辛苦奔波，教书为生。此时，朱自清才26岁。

一

　　在《春晖的一月》里，朱自清写道："走向春晖，有一条狭狭的煤屑路。那黑黑的细小的颗粒，脚踏上去，便发出一种摩擦的噪音"，这自给朱自清以"多少轻新的趣味"。

在从驿亭（火车站站名）向春晖路上的朱自清，感到与上虞有颇多缘分。记得当年毕业时，北大校长蒋梦麟亲笔推荐他去浙江一师，其校长经亨颐先生就是上虞人，现在又正做着春晖的校长；在上海中国公学和宁波四中执教时，与他性气相投、交往最多又年长他 12 岁的夏研尊先生也是上虞人。当朱自清"缓缓走到校前"，便碰着了早已等候的夏研尊先生。

在这里不能不提及校长经亨颐，作为最早的同盟会会员、国民党的元老，蒋介石容不了他；作为留日七年归来后又极具开明和革新精神的教育家，教育当局也容不了他；作为一个敢于仗义执言、敢讲真话的知识分子，世俗容不了他。于是，经亨颐回到自己的家乡，在富商陈春澜的捐助和乡贤王佐的帮助下，创办了一所能贯彻自己办学主张的学校——春晖中学。

春晖中学于 1922 年 9 月 2 日正式开学。开学那一天，全国各地四面八方的学子踊跃而至。操着不同口音却同样充满着青春朝气的学子们，在美丽如画的校园内流连忘返。

渐渐地，人们不难从朱自清的言行举止，特别是从其背影中窥见他的那份疲惫。作为兼课教师，他在宁波四中和白马湖之间穿梭往返了整整一个月，实际在湖畔传道授业仅半月而已。尽管只有短短的 15 天，却给朱自清留下了颇为深刻的印象。他深深觉得"美的一致，一致的美；真诚，一致的真诚；闲适的生活。这是春晖给我的三件礼物"。

春晖，毕竟是一所可以让他的个性、才气充分张扬，令其教育理想得以实现的学校，于是对春晖的深情忆念便日益鼓胀为急切的回归。挨到秋天，当夏研尊先生再次延请他到春晖做专聘教员时，朱自清便归心似箭。

二

才来春晖不久，朱自清就在《春晖》半月刊上发表了《教育的信仰》一文。他在文章中开门见山，直奔主题：教育界中人，都应当把教育看成目的，而不应该把它当作手段。如果把教育当作手段，其目的不外乎名和利；结果不利于学生的"发荣滋长"，而且会"两败俱伤，一塌糊涂"。他认为，如果学校太"重视学业，忽略了做人"，学校就成了"学店"，教育就成了"跛的教育"，而"跛的教育是不能行远的，正如跛的人不能行远一样"。所以，他强调"教育者须先有健全的人格，而且对于教育，须有坚贞的信仰，如宗教信徒一般"。朱自清的"人格教育"思想发端于春晖，贯穿其一生。

为培养学生"自立的、个人的"人格目标，朱自清经常勉励学生"自觉的努力，按着明确的步骤去努力"，各种知识的学习都是如此。在国文方面，首先应切实地学会各种应用文和养成欣赏力，但"初级中学国文教授，当以练习各种实用文，即练习从各方面发表情思的方法为主，而以涵养文学的兴趣为辅"，因为前者是自立的基础本领，指出"事情已过，追想是无用的，事情未来，预想也是无用的；只有在事情正来的时候，我们才可以把握它，发展它，改正它，补充它，使它健全、谐和，成为充满的一段落、一历程"。他把这叫"刹那主义"，或者叫作"三此"——此时、此地、此我。在朱自清这一思想的指导下，学生学习颇为用功，学业进步很快。春晖第一届初中毕业生中就有八人留学日本，除了别的因素，应该说，他们经过春晖的三年学习，已具备了相当的自立本领，亦即健全人格的基本要素之一。

朱自清笃信"教育者和学生共在一个情之流中"，"纯洁之学生，唯纯洁之教师可以训练"。自然，朱自清的处世态度极其严肃认真。正如他清华大学同事、著名作家李广田所说："他有客必见，有信必回，开会上课绝不迟到早退。凡是公家的东西，绝不允许别人乱用……"这般方正随和、温文敦厚之人，自让人叹服，并乐于与其交往。

在春晖，朱自清更是一反"师道尊严"的传统，要求学生克服见了老师就"矫情饰伪"的毛病，培养做人"纯正的趣味"。朱自清如斯说，亦如斯而行，无论遇到什么问题，都放下架子，和学生平等地讨论。有一次，有人报告几位学生在聚赌。按惯例，学校要严加处理。朱自清知道后，他不主张学校严处。他很快和别的教师商量，并确定如此处置：教师先找学生谈话，学生认识到错误后，就交由学生协治会处理。学生协治会是学生自己的组织，他们有自己的处罚方式，罚犯错误学生写大字和打扫学生宿舍卫生一个月。因为不交学校处理，这几个聚赌的学生对学校的宽容更添了一份深深的自责。当教育传达出对学生的善意、信任和关爱时，唤醒的是学生的向学之心和向善之志。尔后当获悉这得益于朱自清的从中斡旋时，他们的感激之情自无以言表。每每对着朱自清转身留下的背影，心中都会涌起一份特殊的感动。

朱自清教育学生总是和风细雨、春风化雨。一个学生曾记叙了这样一件事：一次下课的时候，两个同学乱夺书籍，带怒带骂。他见了，就微笑地说道："争闹之声，胡为乎来哉。"在这滑稽的状态里，我们可以看出他的教育上的平和了。教育上的温和，自然亦影响了朱自清教学上的平等与民主。朱自清到校后，夏丏尊让贤屈尊改教初一年级国文，把原任的初二班国文让给朱自清。他还事先对学生做了思想工作："朱先生年龄比我年轻，但学问比我好，上学期我已介绍几篇他写的文章给你们看，不是觉得很好吗？"在五四民主革新精神浸润的春晖园，学校规定，国文课的教材由教师自己选用。朱自清便不用统编的教材，不教"秩秩斯干，幽幽南山"，其选取的教材开始都是白话文，多数选自

《新青年》《新潮》《向导》等进步刊物。后来似乎感到有些单调，于是征求学生意见说："文言及旧体诗词经过几千年的洗练，很有些好东西，你们是否愿意学一点？"学生们都表示赞成，于是他选定了我国明末清初时的一部短篇小说集《虞初新志》和一部对清舒梦兰所编的《白香词谱》一书进行笺注的《白香词谱笺》作为教材。显而易见，选前书，旨在培养学生写作小品文的能力，并从名人"逸事"中受到思想熏染而后奋勉；选后书，则意在让学生掌握音韵的基本知识，帮助学生欣赏和写作诗词。朱自清的良苦用心，从中可见一斑。

朱自清课堂教学的特色，是善于启发学生思维，敢于提出和解答问题，畅谈自己的见解。他提问学生时，总是耐心地听取学生的发言，然后一一给予解答，作出正确的结论，从不损害学生的自尊心。他的讲课很风趣，有一次讲到诗词与酒的关系时，他欣然说："饮酒到将醉未醉时，头脑中有一种说不出来的韵味和快感，脑筋特别活动。所以李（白）杜（甫）能做出好诗来……"但他又突然"醒"过来，发现对象是十五六岁的青少年，便又严肃地说："可是你们千万不要到湖边小店里去试啊！否则，大家会骂我在提倡吃酒呢。"

细细观瞻朱自清的教学，乃是系统知识的浸润，是现身说法的影响。一次，朱自清的学生王福茂写了一篇作文，题目是"可笑的朱先生"。文章是这样写的："他是一个肥而且矮的先生，他的脸带着微微的黄色，头发却比黑炭更黑。近右额的地方有个圆圆的疮疤，黄黄地显出在黑发中；一对黑黑的眉毛好像两把大刀搁在他微凹的眼睫上……他的耳圈不知为何，时常同玫瑰色一样。当他在黑板上写字的时候，看了他的后脑，似乎他又肥胖了一半。最可笑的，就是他每次退课的时候，总是煞有介事地从讲台上大踏步地跨下去，走路也很有点滑稽的态度……"朱自清在这篇作文下面画了许多圈，并在课堂上读给大家听。

尽管这篇作文有些句子的表达不甚恰当，但朱自清还是给予了热情的鼓励，他说："我平时教大家怎样写作，王福茂给大家一个榜样，这就是描写人要让人读后如见其人，最好还应如临其境，如闻其声。"

不啻如此，在国文教学中，他还注意激发学生的写作兴趣和勇气。他常常对学生说："你们不要怕文章写不好，我的第一篇在刊物上发表的长诗《毁灭》，就是投了又退，退了又投，反复四五次才得以录用的。"他还特别强调作文的"真"。他说："真就是自然，藻饰过甚，真意转晦。"他要求语言"回到朴素，回到自然"，反对滥用绮丽词句来雕琢描写；要以简洁的笔墨描摹客观现象，抒发主观情愫；以寥寥数言，道出事物的本质，显千情万态于轻描淡写之中；以发自肺腑之声，直诉读者心灵。为了提高学生的作文能力，他积极改进作文教学，主张"从练习演说入手"，鼓励学生参加演说活动。当时，春晖校刊"校闻"栏目中，经常刊登学生在五四等纪念集会上发表演说的消息。"五卅"惨案和济南惨案发生后，学生又分头到各集镇作街头演讲，把宣传革命道理和培养说话能力结合起来。经过一段时间的实践，既锻炼了学生的口头表达能力，也促进了书面表达能力的提高。学生不仅能写出内容充实、文笔流利的记叙文、论说文和抒情文，还能写其他多种形式的文体。学生会写学校新闻、学习总结；为宣传革命道理，会写传单。可见，朱自清"从练习演说入手"的做法其效果显而易见。

在指导学生写作时，朱自清还十分注重对学生作文的批改。为了增强直观效果，他为每个学生画有一张成绩升降表，将学生每篇作文的成绩用升降记号标在表上，以让学生从升降中寻找原因、寻找动力、寻找出路。每当发现学生有好的文章，就推荐给师生自办的《春晖》半月刊去刊登。同时，他还鼓励学生向上海《时事新报》副刊《学灯》、《民国日报》副刊《觉悟》投稿。一时学校文风鼎盛、蔚为大观。

这一年，红学家俞平伯应邀来到春晖，他在当天的日记里写道："他（指朱自清）去上课，我旁听了一堂，学生颇有自动的意味，胜第一师范（指浙江第一师范）及上海大学也。"其实，课堂上的朱自清与课余的朱自清并无二致。课余，每逢学生向他请教，他从不推辞。他的办公室、寓室，以至白马湖岸边小径，都成了他授业解惑的场所。每每朱自清送学生出门，学生总会在走上一段路以后，油然回过头去，看到朱自清先生那熟悉的背影，他们总会涌起无限的感激，于是而更喜欢他、更尊敬他。

三

除了夏研尊，朱自清在春晖结识的丰子恺、朱光潜、匡互生、刘薰宇、刘延陵、王任叔、张同光等文人学者，均成为莫逆之交。他们中夏研尊年龄最长，声望最高，是他们中的领袖人物。夏研尊、丰子恺、朱光潜和朱自清的住处背靠象山，面临白马湖，幽静怡适，风光最佳。他们虽居独家小院，却仅一墙之隔。房屋虽"不起眼"，却很有意趣，夏研尊的起名"平屋"，丰子恺的叫"小杨柳屋"。有空之时，他们不时相互串门。门前湖边有石几、石凳，他们时常围而坐之，说着，笑着，从学校的事情，谈到社会，谈到文艺，直谈到夕阳西下，月上东山。当时的情形，在俞平伯的日记中也有记载："下午夏研尊来，邀至他家晚饭。去时斜风细雨，衣服为湿。他屋颇洁雅素朴，盆栽花草有逸致。约明日在校讲演，辞之不获。饭后偕佩弦（朱自清）笼灯而归。傍水行，长风引波，微辉耀之，踽踽并行，油纸伞上'沙沙'作繁响，此趣至隽，唯稍苦冷与湿耳。畅谈至夜午始睡。"

朱自清的小儿子朱闰生，在回忆父亲这段快活生活时写道："父亲到春晖后的第二年，母亲带着哥哥和两个姐姐来了，我也在这年出生了。孩子多，经常吵吵闹闹，惹得父亲生气，难免动了手，这时夏翁家的人就过来'干预'，或邀父亲到他家去，或用时鲜小吃哄孩子。……丰子恺先生是中国漫画的始祖，父亲和夏翁常到他家欣赏他的漫画，看到好的，父亲就央求相送，丰翁便从墙上拿下来送给他。一次夏、丰同在我家，丰翁见桌上有现成的笔墨，便为我四岁的大姐画了一幅肖像，父亲见画得实在可爱，爱不释手，说，此画我有用，请夏翁写几个字，夏翁即在画的上方题了'丫头四岁时，子恺写，研尊题'。后来，父亲将此画制版，做了散文集《背影》的插页。美学家朱光潜的处女作《无言之美》送给夏翁看，夏翁又给父亲看，两人都说写得好，鼓励他给学生做讲演，朱光潜起先不肯答应，怕讲不好，是在父亲和夏翁的一再鼓励下才讲的，结果效果出奇的好。朱先生后来说，我的第一篇处女作《无言之美》就是在研尊、佩弦二位的鼓励下完成的。他们意趣相投、志同道合，没有文人相轻，而是文人相敬，他们的友情比白马湖的水还要深、还要醇。难怪父亲感叹'在这里享受到了一生中难得的惬意时光'。"

四

除了认真教书育人外，朱自清还勤于读书和写作。朱自清是当年白马湖图书馆借书的常客。从当年《春晖》半月刊上"白马湖读书录"和"课余"两个专栏来看，他除经常阅读《东方杂志》《太平洋》《语丝》等杂志外，主要阅读的有清代周济的《介存斋论词杂著》、沙刹的诗文集《水上》、英国马文的《欧洲哲学史》、普福的《美之心理学》等名著。1924 年暑假，朱自清蛰居白马湖消夏。他的手记见证了他当时的刻苦："7 月 29 日，读《学者气质》，颇思读侦探小说。侦探小说益处；文学史方法——待录。30 日，要看《精神分析与文艺》。张东荪有《科学与哲学》之著。拟买《文艺复兴史》。哲学、国语、古文、文学

四书；概论免。31 日，读《毋违夫子》八股，觉得有新趣……"短短
三天时间，他竟读了这么多的书，涉及哲学、文学、艺术、心理学等众
多领域！

春晖，使朱自清完全松弛下来，精神处于安然自在之中，表现在他
的写作上，则是信乎漫然而写的散文、随笔。其不经意间，信笔出手的
东西竟成了最为人喜爱的作品。仅仅从当年的校刊《春晖》中翻检，他
在该刊先后投稿多达 12 篇。正如他读书有所选择一样，其写作也是有
的放矢的。比如，他为了帮助学生树立正确的人生观，写了《刹那》；
为了提高学生的写作能力，写了《水上》《文学的美》；为了培养学生
团体生活的习惯和能力，写了《团体生活》；为了纠正学校的不正之风，
端正办学思想，写了《教育的信仰》。此外，还有阐述妇女观和家庭教
育的《女人》《儿女》，探讨生活方式的《"海阔天空"与"古今中
外"》，以及抒情小品《春晖的一月》《白马湖》等。

其实，即便有些虽不是在白马湖写就的文章，但春晖的生活，春晖
生活期间养成的习性，似乎亦为其后来的写作积储了必不可少的素材。
想当年，朱自清极喜到"平屋"观花品画，多年以后，他在一篇《看
花》的散文中提到"白马湖住了不过一年，我却传染了他那爱花的嗜
好"。后来他写出天下传闻的《荷塘月色》名篇，这与他从上虞春晖带
去的嗜花习惯该是有极深的渊源，我甚至觉得，《荷塘月色》的景致多
少亦有点江南的风味韵致，而况其时春晖亦有荷塘，想必朱自清在月夜
也定然是欣赏过的。

五

春晖的同人是多么希望这样的时光能持续下去，如同朱自清在《春
晖的一月》中所说："我只照我喜欢的做就是了。这就是自由了。"然

而，随着校长经亨颐长年奔波在外、校务由代理校长掌管后，校方和学生、教师的矛盾终于爆发了。

1924年深冬的一天，春晖中学的学生黄源在出早操时戴了一顶绍兴乌毡帽。体育老师认为不成体统，勒令除去，黄源不肯，师生由此发生争执。校方坚持要处分黄源，舍务主任匡互生力争无效，愤而辞职。全体学生罢课，校方开除了为首的28名学生并宣布提前放假。此举激起教师的公愤，教员集体辞职以示抗议。夏丏尊、丰子恺、朱光潜、朱自清等人先后离开了白马湖。

"人散后，一钩新月天如水。"丰子恺在春晖如诗如画的岁月留下了这幅作品，既像是写实，也像是预言。是的，朱自清最终没能在春晖园实现自己的憧憬和理想。辗转彷徨之际，朱自清接到了俞平伯的来信。1925年夏天，朱自清走过那条湖边小路，踏上驿亭小站，匆匆赶往京城清华园而去。而一年的春晖园生活，却成为这位中国现代散文大师一生中永远无法抹去的"白马湖情结"。

"一去京华成永别，梦魂长伴好湖山。"朱自清离开春晖已经80余年，他是永远不会回来了。然而，他与其他在春晖执教的教师一样，以一个中国知识分子的良知，怀抱着忧国忧民的满腔热情以及为中华民族培养新人的赤诚，在白马湖畔的春晖园内洒下了汗水和心血；他的道德文章和冰雪情操，如山间明月，如湖上清风，将永远光照白马湖上空，吹暖春晖学子心田，激励他们勤学奋进，去创造更好的明天。

《雷雨》诞生记

———————
田本相[*]

曹禺说:"我写了不少的人物传记,不知道废了多少稿子,都塞在床铺下边。写累了,我就跑到图书馆外边:躺在草地上,仰望着湛蓝的天空,看着悠悠的白云。"他一边说着一边坐下来,找来一张纸,对大家模仿着当年写作《雷雨》的情景。

曹禺,还有他的亲朋,都曾对我讲过有关《雷雨》的一些故实。曹禺是怎样在这些故实中升腾起他的想象,构建起《雷雨》的场景、人物、戏剧冲突的?把这些摆出来,也许可以引领我们去探索他创作《雷雨》的秘密。

《雷雨》的人物原型

最早我听说,《雷雨》写的是天津的周家。我曾问过曹禺,他说:

———————————

[*] 作者系中国话剧历史与理论研究会会长,原中国艺术研究院话剧所所长、研究员、博士生导师,著有《曹禺传》等

"写《雷雨》和周家没有太大的关系。周家我去过，有些印象。小时候是不是听大人说事，也不经意地听了一些，所以写到剧本中去？这也很难说。因为我家毕竟同周家来往较多。"

周家是天津的名门望族，其中地位最显赫的是周学熙。周曾任民国初期的财政总长，并在河北省和天津市形成了以他为首的工业财团，如开滦煤矿、启新水泥厂、耀华玻璃厂，以及华新、中天等。曹禺对我说："周叔弢（周学熙的侄子）的父亲大概叫周博，他就是周七爷，又称周七猴，常和我父亲诗文唱和、喝酒。这个人非常之可爱，他一边骑着驴一边作诗，还骑到北京去看枫叶，也是一个闲人。我现在还能把他的音容笑貌写出来。周九爷，他对我们家是有功劳的。我父亲死后，是他帮助我们家过下去的，这个人的心地挺好的。他们是个大家庭，但不是周朴园家，因为周朴园家才四口人。他们家（天津周家）的房子很有味道，矮房子，不是很高。像洋房，但又不全是洋的，半洋半中，或者说是半洋半老吧。在天津住这么好房子的人家，也不是很多，我进去过，像个小公园似的。《雷雨》的布景是照着他家的房子写的。我是用了周家这个姓，但我写的并非就是周家的事。"

这里说到的周七爷叫周学渊，周九爷叫周学辉。曹禺的父亲不但与他们有诗文往还，并且还将钱款存到周家的银行。看来，《雷雨》中的周公馆，同这个周家是有关系的。

再有，就是曹禺自己的家了。无论是《雷雨》的布景、陈设，还是气氛以及人物，都与曹禺家关联更多。尤其是《雷雨》中的人物关系同他家的神似之处，还给研究者们带来某些揣测。曹禺的家庭成员，除他自己（本名万家宝）之外，还有父亲、继母，以及一个同父异母的大哥万家修。而《雷雨》中周家的成员构成，有父亲周朴园及其后续的妻子繁漪、长子周萍（侍萍所生）和次子周冲（繁漪所生）。看起来的确十分相似。只不过曹禺自己的家里，并没有继母同继子的乱伦故事。

《雷雨》中几位人物的性格也与曹禺家人有相似的地方。曹禺曾说："我父亲和《雷雨》中周朴园有些相似，色厉内荏。"还说："在繁漪身上也可找到我继母的东西，主要是那股脾气。"

曹禺的父亲万德尊，在家中也像周朴园，是个专制的人物。他做过宣化镇守使，做过黎元洪的秘书，是民国的将军。后来赋闲在家，抽鸦片，还动不动就发脾气、打骂仆人。

鲁贵的原型，就是他家一位类似管家的人物，曹禺说这个人还常常躲在一间收藏室里画神像。

在《雷雨》中，繁漪这个人物是最有分量的。曹禺说，《雷雨》中的八个人物，"最早想出的，并且也较觉真切的是繁漪"。繁漪的原型，是曹禺一位同学的嫂子。曹禺在南开中学读书时，有两兄弟陆以洪、陆以循，同他很要好。曹禺说："陆以洪和他的嫂子有爱情关系。我是从陆以洪那里受到影响，才写了繁漪这个人物。他这位嫂子不像繁漪，最初的印象是陆以洪给我的，她长得文静、漂亮，并不厉害，但是，却一肚子苦闷。陆家的事和《雷雨》有些关系，她不喜欢她的丈夫。""写繁漪这个人物，就是他（陆以洪）把一个类似繁漪的女人的故事告诉了我，在我的心中放了一把火。"

我曾访问陆以循先生，他说："谈起我的嫂子，他是我的堂哥的爱人。堂哥在黄河水利委员会工作过，比我那位嫂子大十几岁。堂哥这个人不开朗，很老实，长相也很死板。我这个嫂子 25 岁还没有结婚（那时 20 岁就该结婚了），总是找不上合适的，因为年岁太大了，就找了我这位堂哥，很是委屈。我这位嫂子会唱昆曲，她家是世代的业余昆曲爱好者。人长得漂亮，又比较聪明，丈夫那么呆板，不顺心。那时，我们家是个大家庭，都住在一起。在老式家庭中，我这位嫂子是比较活泼的，她不算是新式妇女，但也不是那么稳重的。"

让我感受最深的是，曹禺家的氛围同《雷雨》的那种压抑、沉闷的空气太相似了。我在《曹禺传》中这样写道："一进楼门，里边黑漆漆，阴沉沉的。我似乎感到这里的压抑和郁闷。"曹禺说，他放学回家，家就像坟墓一样，死气沉沉。《雷雨》布景的某些格局，也有与他家一楼客厅相似的地方。

《雷雨》中的教堂氛围和宗教音乐

我在写作《曹禺剧作论》时，就注意到曹禺剧作中的《圣经》文学印记和教堂氛围。在写《曹禺传》时，就向曹禺先生讨教，我是这样提问的：

笔者：是什么原因使您对《圣经》发生兴趣？据我读到的资料，您并不信奉基督教和天主教。

曹禺：有过这么一段时间，我教过《圣经》文学，那是在天津河北女子师范学院。《圣经》文学我懂得太少，它的确写得好，有些非常漂亮的文章和故事，我很喜欢。

笔者：《雷雨》里似乎有一种教堂的氛围，还用了巴赫的教堂音乐。

曹禺：在序幕和尾声中，不但引进了教堂的环境氛围，而且也用了宗教音乐，其中就有巴赫的《b小调弥撒曲》。人物也有着某种宗教的因素，周朴园悔悟了，有的傻了，有的疯了。对于这样的安排，我当年给在日本演出《雷雨》的杜宣、吴天等人的信中，曾作过解释。我当时就是那么想的，似乎我觉得那么写，就有一种诗意的回味，就有一种诗的意境。我确实是把《雷雨》作为一首诗来写的。

至于，我是不是受到基督教、天主教的影响，我也提供一些我的经历。记得小的时候，有一段时间接触过教堂。我家住在河东，就是现在的天津东站附近。而在海河的对岸，绿牌电车道的尽头，那个地方可能是老西开吧，有一座法国天主教堂。这座教堂不仅在天津，即使在北京和上海，也是颇有特色的一座教堂。有时站在我家的凉台上，就可以听到从这座教堂传来的钟声。那时，教堂就对我有一种神秘的诱惑。少年时期，对生活有一种胡思乱想、东撞西撞的味道。接触一下教堂，到里边去看看，似乎是想解决一个人生问题，究竟人到底应该走什么道路，人应该怎么活着，人为什么活着，活着又为什么？总之，是莫名其妙，觉得宗教很有意思。

在清华大学时，有音乐唱片的欣赏，对巴赫的音乐有过接触。我对佛教不感兴趣，太讲出世了，跟父亲念了一段佛经，念不下去。读《圣经》觉得文章漂亮。新教，就是基督教。至于宗教本身，我就是好奇的啊！无论哪个教堂我都想进去看看。俄罗斯的托尔斯泰的《复活》，我读过，我非常想看看复活节是怎么搞的，也想看看大弥撒，参加参加。它为什么叫人入迷？一进教堂，就觉得它里面很高很高，在幽暗中所展示的是一个无边的苍穹，是异常宁静肃穆，圣母像美丽得不得了。人一进入教堂就安静下来了，真好像使人的灵魂得到休息。我是个共产党员，我不相信上帝，但是我很喜欢教堂中那种宁静肃穆的氛围。

酝酿五年的《雷雨》

看来，似乎生活中一个细节、一些背景，也融入了剧情的血肉里。创作实在是太奇妙了，作家所经历的人生种种，都可以在激扬的想象中，编织出美丽的画面，谱成美妙的乐曲。但是，这种升腾的创造力，又是来自何方？

曹禺在南开大学读书时，就开始酝酿《雷雨》了。他曾对我说：

"《雷雨》是我碰上的。十八九岁时，就开始酝酿《雷雨》，历时五年，费了好大的劲。"1965 年夏天，我陪曹禺重访母校清华，在图书馆负责人的陪同下，他径直走到楼上那间他写作《雷雨》的阅览室去，不要别人引路，他熟悉得很。一进大厅，他就高兴地说："就是这里，还是当年那个老样子。"他指着一个阅览的长桌说："对，我就坐在这个地方，那时不是这样的桌子。我一来这里，就坐到这个位子上。"他还说："我写了不少的人物传记，不知道废了多少稿子，都塞在床铺下边。写累了，我就跑到图书馆外边：躺在草地上，仰望着湛蓝的天空，看着悠悠的白云。"他一边说着一边坐下来，找来一张纸，对大家模仿着当年写作《雷雨》的情景。他对一位图书馆负责人说："当年图书馆的一个工作人员，原谅我一时想不起他的名字，待我太好了。他提供给我各种书籍资料，还允许我闭馆之后在这里写作。那些日子，真叫人难忘啊！当时，我就是想写出来，我从未想到要发表，也没有想到过演出。"

在这里我要提起的是，写作《雷雨》时，曹禺正在同郑秀（曹禺第一任妻子）热恋。1933 年的暑假，郑秀陪着曹禺写完了《雷雨》。曹禺那种浪漫的个性，那种"热来时热得蒸笼坐"的激情，显然成为《雷雨》的催生素。甚至《雷雨》中周冲以及周冲对四凤的爱的追求和幻想，都熔铸着他们热恋的情愫。

巴金成为《雷雨》发表的伯乐

这些年，关于《雷雨》的发表产生了各种不同的说法，但不可否认的是，巴金对《雷雨》的发表起了决定性的作用，他和曹禺也因此结成了终身的友谊。

我同曹禺提起过《雷雨》的发表，他讲道："《雷雨》写出来给了靳以，他当时在编《文学季刊》。"靳以与曹禺是南开中学的老同学，靳以写《将军》时就住在曹禺清华的宿舍里，曹禺写的《日出》中的方达生也有靳以的影子，他们太熟了，不分彼此。曹禺说："靳以是支持《雷雨》发表的，但为了避嫌，所以将《雷雨》暂时放在了抽屉里。巴金是《文学季刊》的编委，他从上海过来，在与靳以的谈话中知道了这个剧本，看过之后大力推荐，这才发表了。后来我就同巴金熟了，我们三个人经常到广和楼去听戏，从清华出来骑驴或者坐车，从下午1点一直听到下午6点。广和楼前边都是摆摊的，卖羊杂碎、烧饼，看完戏，就一人买一碗羊杂碎，用羊肉汤泡烧饼，那真好吃啊！……如果《雷雨》一直躺在抽屉里，我将是怎样一个发展，那就很难说了。人的命运，往往就决定在这样的偶然的事物、偶然的人物之中。那时，我和巴金还没有认识，完全凭着他无私的识见，把《雷雨》从被遗忘的角落里发现出来。由于巴金，我第一次感到了自身的价值，才下定决心去搞剧本创作。我很感谢巴金，也感谢一切曾经帮助过我的朋友。"

曹禺扮演的周朴园
（阿鹰供图）

我曾问曹禺先生，《雷雨》的手稿是否还在，他只说："《雷雨·序》手稿，巴金把它交给北京图书馆了。将来此事可找丁志刚，这是50年前唯一保存下来的一份手稿了。丁志刚是北京图书馆馆长。"

当年海上惊《雷雨》

《雷雨》发表后，在国内最早有演出记录的是天津的孤松剧团。著名演员石羽回忆说："1935年，我们看了《雷雨》的剧本，剧团就准备组织演出这部戏，这可能是国内最早的《雷雨》演出了。万先生（曹禺）来看过，并且作了指导。"

另外，中国留日学生在东京演出的《雷雨》，曹禺并不满意，尤其是对他们删去序幕和尾声的行为尤为不满。他认为掐头去尾的《雷雨》不过是一出社会问题剧，但全本《雷雨》"是一首诗"。

曹禺最满意的是中国旅行剧团演出的《雷雨》。他说："1935 年，中国旅行剧团，也是中国第一个职业剧团，在天津演出《雷雨》。唐槐秋演周朴园，戴涯演周萍（或者戴涯演周朴园，陶金演周萍），章曼萍演四凤，赵慧深演繁漪。赵慧深很会演戏，诗写得好，词填得也好。她在中旅演戏的时候给她哥哥赵景深写的信在一个杂志上发表了，写得有气派，不像个女孩子。唐若青演侍萍，她演陈白露演得不错，但是演侍萍就不行了。演鲁贵的现在在香港，写了《演鲁贵几十年》。"他还说："小市民、老爷太太们都喜欢看这个戏。我不大相信这戏有什么教育作用，但剧场演出非常之安静，有的看几遍还看。我去剧院看过，中旅在天津演的《雷雨》可以说把观众征服了。"

同年，《雷雨》在上海的演出也轰动了，茅盾先生有"当年海上惊《雷雨》"之赞。中旅在上海凡尔登大剧院演出《雷雨》，最初的协议是"三七分成"，剧院七，剧团三，而续订协议时，则是倒三七了，并且续演三个月之久，场场爆满。因此，曹聚仁先生说 1935 年是"《雷雨》年"。

天才演员成就的天才剧作

曹禺在南开新剧团就展现了他的表演天才，并得到他的老师张彭春的赏识。他是从一个演员成就为一个伟大的剧作家的，凡是看过他的演出的人，无不交口称赞。

著名表演艺术家石羽回忆说，他虽然不是南开中学的学生，但是一听说有曹禺的演出，就想尽办法去看："我到南开中学看过《新村正》

《财狂》，给我印象最深的是万先生演的村长，穿着长袍马褂，戴着头套。《财狂》我是在楼上看的，那时我就想看看，万先生是怎样抓住观众、怎样表演的。看过之后，给我们很大的鼓舞，使我下决心当一个演员。也可以说是万先生把我引向戏剧之路的。"

曹禺自己也演过《雷雨》，那是在南京国立剧专任教的时候。他的同事马彦祥回忆："戴涯先组织了第一个演出，就是演《雷雨》，曹禺扮演周朴园。我看过不下十几个周朴园，但曹禺演得最好，这可能因为他懂得自己的人物的缘故。他是个好演员，他懂得生活，不是那种空中楼阁，我觉得演周朴园，没有能比过他的。这出戏一演就打响了，很上座，经济收入可观。第二个戏就排《日出》。"

我曾经拜访过《李双双小传》的导演鲁韧，他也是南开新剧团的团员，当时叫吴博。他对我说："我是上初中时看到曹禺演《压迫》的，演得不错，但多少还有些业余的味道。后来看到曹禺演的《娜拉》，男人演女角，演得那么好，确实让我惊呆了。我对戏剧也很喜欢，哪有戏，我都去看，但没有像曹禺的演出这样给我以震撼的。张平群演海拉茂，他演娜拉，在我脑子里是不可磨灭的，这个戏对我影响很大。那时，我在新剧团跑龙套，从旁边看得更清楚。我敢这样说，现在也演不出他们那么高的水平。"我问："您看过他的表演，对他当时的表演究竟应该怎样评价？都说他演得好，这只是一种描述，但还不是准确的评价。"鲁韧回答说："我总觉得曹禺的天才在于是个演员，其次才是剧作家。我这个结论，你们是下不出来的，别人没看过他演戏，也下不出来，只有像我这样看过的，才能得出这种毫不夸张的结论。到现在，这样好的艺术效果，这样的艺术境界是很难找到的。曹禺把夫妻间的感情，甚至那种微妙的感情的分寸，都很细腻地、精湛地表演出来，就不能不令人倾倒。像仇乃如、张平群都是大学教授，那么高文化修养的演员，现在哪里去找。曹禺也是有着很好的文化修养的。"还说："曹禺表演实在是好，他演韩伯康真好。他做导演不行，缺乏总体设计，但对角色却分析体验得细致入微。曹禺不是职业演员，不会那套形式，但凭全身心来演。现在，也很难找到这样一种全身心投入的表演了。"

以上，是我将曹禺有关《雷雨》的回忆，以及亲朋的回忆集合起来。这些"现象"的东西，也许可以诱发我们对于《雷雨》创作的想象和思考。曹禺曾说，现实主义是现实的，但不完全是现实的。这说明，仅仅是现实，是不足以构成戏剧大厦的；但是，离开现实进行真正的创造也是不可能的。是不是这些"现象"，也能给人一点启发呢？但愿是这样的。

中国新文学第一代开拓者许杰

柯平赁

　　今年是著名作家和文学评论家、中国新文学第一代开拓者许杰 111 周年诞辰。许杰（1901—1993），曾用名许世杰，字士仁；笔名杰克、孔凡因、吴文嘉、张士仁、张子三等。浙江天台人。1920 年，开始在《绍兴越铎日报》副刊《微光》发表文艺作品。1923 年来上海，任旅沪安徽公学教员，并在《民国日报》副刊《觉悟》以及《小说月报》发表小说或评论，作品入选上海新文化书社《中国创造小说选》第二集。1925 年在《小说月报》发表《惨雾》，一举成名，立志毕生从事文学事业。1926 年发表小说《赌徒吉顺》，与《惨雾》一并入选《新文学大系：小说一集》。其后，《惨雾》《漂浮》《暮春》等短篇小说集相继出版，成为 20 世纪 30 年代中国乡土文学的代表作家。1925 年，加入文学研究会。1936 年，参与发起组织中国文艺家协会。他认为"文学离不开人生，文学也就是人生的表现"，主张"对于丑恶的现实，一个有正义感的作家，一个对文艺有正确认识的作家，就应该不留情面地加以揭发、加以批判"。

许杰 1929 年赴马来西亚吉隆坡，主编华侨报纸《益群日报》。1931
年后长期担任教职，先后在中山大学、暨南大学、同济大学、复旦大学
等大学任教授或兼职；曾任暨南大学中文系主任、教务长，华东师范大
学中文系主任。1949 年后，历任中国作家协会华东分会副主席、上海分
会副主席，中国写作学会会长，中国鲁迅研究学会理事，国际笔会上海
中心会员；曾担任上海市政协常委、委员。主要代表作有人民文学出版
社出版的《许杰短篇小说选集》，上海文艺出版社出版的《许杰散文选
集》，华东师范大学出版社出版的《许杰文学论文集》。

发表《惨雾》走上文坛

许杰踏上社会最初走的是教书生涯的道路，"教育吾之职，淡饭吾
当吃"，"学点文学，用以涵咏自己的性情"，如此而已。可是，自从发
表《惨雾》，并且在当时中国的文坛上产生影响之后，他一发而不可收
拾，接二连三地创作了一系列表现农村生活的中短篇小说。因此，几乎
所有的中国现代文学史或相关论著，都无一例外地把他列为"乡土文
学"的代表作家。

1925 年，郑振铎在上海介绍许杰加入文学研究会，列入文学研究会
的会员录。以这个会员录为准，许杰是文学研究会的第一批会员。作为
文学研究会的作家，他崇尚现实主义，主张"为人生"的文学，一生强
调文学的时代精神，肯定文学的社会作用。但是，他并不囿于现实主义
的创作手法。他主动接近创造社的作家（郭沫若、郁达夫、成仿吾等），
尝试用浪漫主义的手法创作小说和散文。他甚至"拿来"弗洛伊德的理
论，大胆采用第二人称的特殊手法，早在 20 世纪 20 年代就创作了一篇
"意识流"小说《你的心曲》，堪称中国现代主义文学的先锋。

许杰从走上文坛的那一天起就以鲁迅为榜样，敢于直面惨淡的人

生。他作为"成绩最多的描写农民生活的作家"（茅盾语），在作品中展现出中国农村宗法形态和半殖民地形态的真实画面。20 世纪 20 年代中期，许杰有意识地从"人生派"和"艺术派"这两个风格迥异的文学流派中汲取对自己有用的艺术养分。他的小说集《惨雾》主要体现写实主义倾向，作为文学研究会丛书出版，另一本小说集《火山口》却曾被列入创造社的出书计划。从 20 年代末开始，许杰越来越显示出除小说之外在散文、文艺论文和杂文方面的成就。1930 年，上海现代书局出版的《椰子与榴莲》是他的第一本散文集，他在这本书的自序中称《椰子与榴莲》是一本"类于记事，类于随笔，类于小说的东西"。其实，他的所有散文作品，都是"生性憨直，好说直话"的知识分子真情实感的自然流露。

上海首倡无产阶级文学

五四新文化运动追求的是人性的解放，20 世纪二三十年代文学革命者的奋斗，是在用文学艺术的手段，捍卫人性的尊严，争取真正获得做人的权利。许杰最早在国内倡导无产阶级革命文学，并且身体力行，从当时所理解的革命文学理论出发，先后创作短篇小说《锡矿场》，以及长篇小说《马戏班》等；可惜都不能算是成功之作，他自己也认为遗憾的是"还只是概念化的作品"。不过，20 年代的许杰，对社会底层的关注和同情，对平等和正义的不懈追求，与 30 年代左联为代表的左翼作家是完全一致的。他不仅是"乡土文学"的代表作家，也是中国左翼作家的代表之一；而左翼文艺运动最终解构了国民党政权的意识形态，"改写了历史"。

许杰在上海首倡无产阶级革命文学的理论著作，是 1928 年现代书局出版的文学论著《明日的文学》（署名张子三）。20 世纪 30 年代初，许杰购得一册王森然的《文学新论》，竟然"发觉其中许多章节完全是抄袭我的《明日的文学》"。他当即在南京《图书评论》杂志撰文，揭露抄袭真相。不过他晚年在《关于〈明日的文学〉的回忆》一文中，却郑重其事地"向王森然同志表示敬意"，因为自己"当年不敢用真实姓名出版《明日的文学》，而王森然竟然将宣传无产阶级革命、宣传无产阶级革命文学的文章，用来充实自己的作品，而且用自己的真名实姓出版发行，其大无畏的精神是极为令人钦佩的"。

1930 年 3 月 2 日，中国左翼作家联盟在上海成立，王任叔（巴人）介绍许杰加入"左联"。在此前后，他在上海两次加入中共地下党。原上海师范学院党委书记陈云涛生前回忆："同一支部的同志，有顾凤城、林汉达、张庆学、孟超，当时许杰也是这个支部成员之一。"

新马文学史上的园丁

五四新文化运动之后，中国新文学逐渐传播到南洋，对东南亚华文文学产生影响。许杰并非最早出走南洋的中国作家，也不是唯一远赴南洋的中国作家。然而，他是新文学热情的传播者和辛劳的耕耘者。

1928—1929 年，许杰受中国国民党中央宣传部委派，远赴马来西亚吉隆坡，担任华侨报纸《益群日报》总编辑。当时的马来半岛还是英国殖民地，许杰决定利用他任总编辑的华侨报纸，传播新思想和新文学，点燃南洋文学青年觉醒的火花。他的宗旨就是通过文艺的形式宣传无产阶级革命文学，只是囿于当时南洋的政治环境，改称"新兴文艺"。

许杰亲手创办的《益群日报》文艺副刊《枯岛》，筚路蓝缕，在一年左右的时间里，前后出版 58 期，发表 89 位作者的 178 篇作品。许杰以坚定的立场，推动南洋色彩的地方文学与新兴文学。他在《枯岛》发刊词中开宗明义地提出"对于下层社会的同情和对于上层建筑的反抗"，号召文艺青年"认清文艺的职能""认清自己的目标",本着"同情"与"反抗"的原则从事创作。他同时强调抒写南洋地方风土人情,认为只有土生土长的题材,才能落地生根,使新马文学繁荣发展。许杰因此被尊为"马华文学"的宗师,至今仍在东南亚颇具影响。当年《枯岛》的青年作者,中国外交部西欧司原司长梁上苑,曾在香港《大公报》撰文《重拾五十年前的交情——回忆我和许杰在南洋的一段交往》,称赞"许杰既是我写作上的导师,又是带我踏进革命门槛的引路人"。

新加坡文艺研究会会长杨松年博士,曾连续在《星洲日报》和《南洋商报》撰文,专门介绍《益群日报》文艺副刊《枯岛》。杨松年认为许杰"把中国新文学的革命文学的理论带来新马",并且"《枯岛》在许杰的策划与编辑下,不但发掘不少爱好文艺的青年,而且也成为早期积极响应建设南洋文艺色彩与推动新兴文学的副刊。它是战前中马文坛的重镇,也是新马文学史上不可不提的一个文艺园地"。

东南文艺运动的旗手

抗战初期,平日很少写诗的许杰,愤而创作长篇叙事诗《吴淞炮守》,给抗日将士留下深刻印象。1937 年"八一三"淞沪抗战,上海暨南大学停办。许杰开始颠沛流离的战时生活,在烽火硝烟中辗转浙江、江西、湖南等地。其间,原上海大公中学在浙江天台开办分校,电邀许杰主持校务。

许杰回乡之后,首先参与主持县政府"抗日宣传政治工作队"训练班,与中共地下党配合,培养抗日政工人员。其后在大公中学主持制定"抗敌教育方案",开设"战时教育"课程,建立大公中学"中华民族解放先锋队",组织学校演剧队"大公抗日剧团",创办校刊《大公抗敌》,提倡并实施抗战教育。一时间,全台州以及宁波、绍兴等地,几乎无不知晓天台有个实施抗战教育的大公中学，温岭、黄岩、鄞县等地青少年纷纷慕名前来求学，这为救亡图存和民族复兴储备了优秀人才。

1940年前后，许杰先后应聘在广东文理学院（勷勤大学）和福建建阳暨南大学（东南联合大学）任教，并任暨南大学中文系主任、教务长。此时，《前线日报》内迁建阳，该报副刊《战地》，约请许杰主持"文艺评介"专栏。许杰响应郭沫若"抗战文艺应该有两个战场，一个是小说，一个是批评"的倡议，有意通过文艺批评与介绍，推动东南文艺运动。他不遗余力地呼吁战时生活在东南的作家和文艺工作者，为抗战而创作，为加强民族的抗战力量、增强抗战必胜的信心而奋斗。他并且提出两个"联合"，即东南作家的联合和东南文艺作品的联合。

他在《浙江日报》发表《从东南文坛现状谈到东南文艺运动的前途》，建议东南各报副刊联合出版专栏"东南文艺"，集中反映抗战时期中国东南的生活，为抗日战争服务，为世界反法西斯斗争贡献力量，获得广泛认同与响应。

东南文艺运动所涵盖的地域，西起江西赣州，东临浙东沿海，包括安徽的屯溪，福建的永安、建阳、建瓯等地，《前线日报》《东南日报》《浙江日报》，以及福建的《民主报》、江西的《正气日报》等十多家大小报刊受到影响。上海文艺出版社近年出版《战时东南文艺史稿》，作者王嘉良在该书"后记"中说，许杰"以93岁高龄故世，堪称长寿，但获此噩耗，我们的心情仍十分沉痛，因为他最终还是没有看到这部他时刻关注的书稿的问世"。

家国情怀与忧患情结

1951年10月，华东师范大学建校，许杰由复旦大学调任华东师范大学中文系教授、主任。此前，许杰的《鲁迅小说讲话》出版，这是国内鲁迅小说研究的第一本专著，深受读者欢迎，三年内再版七次。1949年7月和1953年9月，许杰先后两度出席中华全国文学艺术工作者代表大会（第一次文代会）和第二次文代会。1953年11月，当选华东作家协会副主席。1955年5月，当选上海市政协第一届委员会常务委员。1956年10月，根据中苏两国文化交流协定，应邀去莫斯科大学讲授中国文学，后因苏方变故作罢。1957年3月，参加上海代表团进京出席中国共产党全国宣传工作会议，许杰"如同用功的小学生一般抢着第一排的座位"，当面聆听毛泽东主席《在全国宣传工作会议上的讲话》，热血沸腾，心潮澎湃。

华东师范大学早期，许杰正当壮年，可谓好事连连，踌躇满志。当年由京返沪，立即主持各种会议"帮助党整风"，并在上海《文汇报》发表论述党群关系的文章《墙是怎样形成的》……1957年6月到8月，他却遭遇到由系内到校内、由上海文艺界到上海全市对许杰"右派"言论的猛烈反击。8月下旬，在上海市第二届人民代表大会第二次会议期间，许杰作书面检查《我在人民面前低头认罪》，他的人生道路就此发生戏剧性的变化。但是，在泰山压顶的危急时刻，他仍然顽固地坚持"在人民面前"低头。

许杰是中国五四新文化运动造就的一代文化战士，是中国新文学的第一代开拓者。在他身上，既有中国知识分子传统的淡泊名利、洁身自好的一面，又凝聚着无法化解的忧国忧民的忧患"情结"。五四运动的时候，他还是个中学生，在浙东的小县镇里集会结社，摇旗呐喊，与北京城里的大中学生遥相呼应，不亦乐乎。从此，他对学生运动情有独钟。20世纪40年代后期，在上海与周谷城、杨晦等11位教授联名发表《根本抗议以司法手段解决学生运动》，并且毅然冒着生命危险代表上海的大学教授赴南京参加中央大学等五所大学的学生集会。"耕耘七十，弟子三千。"许杰言传身教，自然成为学子心中永远的楷模。

许杰晚年还像年轻时候一样奋不顾身，批判社会上的丑恶现象，不知疲倦地在报纸或电视台上再三呼唤"德先生"（民主）、"赛先生"（科学）和"莫劳尔小姐"（道德）。甚至在他临终的前几日，还在华东师大的寓所内接待媒体记者造访。这一时期，上海《文汇报》和《文学报》都曾用大字标题在显著版面发表许杰谈话《呼唤"莫劳尔小姐"回来!》。当年过九旬，他依旧壮心不已，全然"不知老之将至"，正是战士与开拓者的伟大与可爱之处。

半部文艺史，一个打杂工

——记我的父亲周巍峙

———
周七月

周总理亲口对我父亲说，他是国家总理，而我父亲是"文艺总理"，但父亲在《八十自嘲》一文中，却幽默地自我描述说："来自贫寒户，混迹文坛中，奔忙六十载。一个打杂工。"

母亲想录却一直没录的《上起刺刀来》

母亲王昆这两年不止一次地说起，她最遗憾的，是没有把父亲周巍峙的《上起刺刀来》这首歌好好录一个合唱版的光盘。她说，这首歌其实才是父亲谱曲谱得最好的歌。有时，说着说着，她还会小声哼起来："上起刺刀来，弟兄们散开！这是我们的国土，我们不挂免战牌……"

我记得，"文革"结束后的一次纪念抗战晚会上，总政歌舞团合唱队曾经唱过这首歌。军队的交响乐队、军队的合唱团，再加上刚刚粉碎"四人帮"后人们焕发出来的无比热情和希望，将这首进行曲演绎得铿锵有力、势如沸腾，给我留下了深刻的印象。

后来母亲又为这首歌排过一个男生小合唱。

作为一个歌唱家，母亲自己或为别人曾无数次地进过录音棚，现在用数字设备制作一首合唱曲也并不难，连录音室都不用进……但为什么一直想录又没有录这首歌？

父母亲都是有性格的人，当年好像对这首歌的音乐处理有一点分歧，此事就这么拖了下来，成了遗憾。

父亲谱写过不少歌曲：《上起刺刀来》《前线进行曲》《起来，铁的兄弟》《子弟兵进行曲》《中国人民志愿军战歌》《十里长街送总理》等。其中最著名的是《中国人民志愿军战歌》，这首歌和《八路军进行曲》《新四军进行曲》《解放军进行曲》并称四大军歌，镌刻在中国人民革命军事博物馆的相关大厅里。

母亲对《上起刺刀来》这首歌念念不忘，是欣赏。对父亲来说，这首《上起刺刀来》反映了他年轻时在上海的一段难忘时光。

唤醒民众的"笔杆子"

笔杆子到底是什么，很少有人研究：因为大家更相信枪杆子，"枪杆子里面出政权"。

音乐学家田青先生在台湾讲学，有年轻学生问他，为什么共产党能打败国民党？田青先生幽默地回答说，共产党有好歌。

这个回答实际上是对笔杆子的最好诠释。鸦片战争，尤其是甲午战争以后，救亡和启蒙就是中国进步知识分子的努力方向，有人从军，有人从政，有人励志科学救国……其中有一大批人想通过文学、戏剧、歌咏、绘画活动唤起民众，抵抗列强。

我父亲周巍峙就是他们中间的一分子。

父亲是 20 世纪 30 年代初离开老家去上海的。那时已经非常著名的新闻记者、中国新闻史研究的开拓者和早期新闻教育家戈公振先生，是父亲的东台同乡和远房亲戚，父亲叫他二舅。父亲从苏北的东台到上海投奔的就是他。1932 年，国际联盟来中国调查"九一八"事变的真相，戈公振以记者身份随中国代表团去东北，临走时把父亲托付给了邹韬奋先生，那时父亲 16 岁。

1932 年，韬奋先生创办《生活日报》筹备处时，父亲是文书。有一次陶行知先生问他："你喜欢什么？"他说喜欢科学，为此陶行知送了一套青年科学丛书给他。韬奋先生被迫流亡海外后，《生活日报》筹备处撤销，经戈公振、韬奋先生介绍，父亲又开始在李公朴先生身边工作。

合起来，说服《申报》总经理史量才，创办了《申报》流通图书馆和《申报》业余补习学校。《申报》流通图书馆设立了读书指导部，由艾思奇、柳湜、夏征农等人负责，并且在《申报》上开辟了一个"读书问答"副刊，有计划地解答读者提出的各种问题。

那时，为了筹备申报流通

担任晋察冀边区参议员时期的父亲（右一）与同伴们

图书馆及业余补习学校，父亲每天到公朴先生家里上班，日常工作就是剪报，收集整理图书资料，做联络工作；更重要的，是代公朴先生给青年复信，整理讲话稿，有时还将复信整理成文稿，发表在《读书问答》上。后来国民党政府企图把《读书问答》连根拔掉，公朴先生等人也觉得《读书问答》已无法满足当时抗日救亡斗争形势发展的需要，决定创办《读书生活》半月刊，由公朴先生主编，艾思奇、柳湜任编辑，父亲协助工作。

《读书生活》于 1934 年 11 月创刊，发表了大量反对日本帝国主义侵略、抨击国民党反动统治的文章，宣传抗日民族统一战线，进行哲学、社会科学和自然科学通俗化的尝试，传播马列主义基本知识。

1936 年 3 月，读书生活出版社成立，由公朴先生担任社长。同年，全国各界救国联合会成立，公朴先生被推为负责人之一。此时，父亲已经是他的秘书了，主要协助他在青年中做些指导工作，并担任《读书生活》杂志的助理编辑。

父亲一直认为，自己是在这些民主先驱者和党内一些老同志的带动下进步起来的。没有这段经历，他可能会长期处于痛苦、徘徊中，不知会走上哪条道路。他的这种情况，应该代表了当时的很大一部分青年，因为那时政治黑暗、生活艰难，使许多青年长期处于彷徨和苦闷中。父亲在公朴先生那里为读者复信时，信上看到的都是这类问题。他很同情这些青年，按照自己的经验给他们复信，提供一些意见……这也是他比较自豪的一段经历。

1934 年底，父亲在业余时间参加了刘良模先生领导的民众歌咏会学唱歌。这个歌咏会是上海基督教青年会组织的，总干事刘良模先生是一位进步的文化人，歌咏会最早唱的歌曲就有用外国歌曲《摇小船》填词的《救中国》。

1935 年，父亲参加了聂耳在电通影片公司时创办的业余合唱队。聂耳去日本后，这个合唱队由吕骥负责，并从电通公司搬到大陆商场排练。参加合唱队的多是店员、工人、学生和失业青年，但都有一点文化；还有电影界的陈波儿、许幸之等；再就是话剧演员，如崔嵬、丁里、李绿之这三位"山东大汉"。那时的唱歌不仅仅是娱乐，主要是救亡斗争的需要，是通过歌唱活动激励民众的抗日救亡热情，表达反对日本帝国主义侵略罪行和国民党反动统治的激情。

当时，刘良模先生还办了好几处工人夜校，通过歌咏、戏剧、文化学习及时事宣传等活动，向工人们开展抗日救亡宣传教育。父亲和丁里两人负责在西门路祥康里的小学教室教工人唱歌、为工人排戏。参加排戏唱歌的大部分是纺织女工，每周两次，一般是父亲先教歌，重点教由孙师毅作词、聂耳作曲的《女工歌》等救亡歌曲。歌教完了，丁里开始排戏，戏的内容也是关于生活贫困的女工经过抗争，参加抗日斗争的故事。父亲与丁里当时还不是共产党员，但彼此以同志相称。

1936 年，父亲又发起组织"新生合唱团"，不但领着大家练唱抗日救亡歌曲，还请冼星海、贺绿汀、塞克、沙梅等名家给队员们讲课。为了作掩护，合唱团还练习当时流行的英文歌曲，因此巡捕房的人来检查，大家就用英文歌《甜蜜的家庭》应付他们。新生合唱团一直坚持在大陆商场活动，传播抗日救亡歌曲，推进救亡活动，培养了一批进步青年，后来他们中有的参加了

抗日战争时期的父亲

新四军，还有的去了延安。

那时，由光未然作词、冼星海作曲的《黄河大合唱》还没有问世。父亲深深感到，爱国的歌者是多么需要一本大家都爱唱的歌集。有了他的群众工作和歌咏活动的基础，出版《中国呼声集》也就是水到渠成、顺理成章的事了。

令国民党反动派万分紧张的歌集

公朴先生知道我父亲喜欢音乐，有时在家里朋友们聚会时就让我父亲为大家唱一曲，或者用口琴奏一曲。他经常鼓励我父亲保持和发挥在音乐方面的才能。因此我父亲才有可能参加大量的群众歌咏活动和歌曲创作。

父亲在《我所认识的李公朴》一文中曾回忆说：

1935 年，"一二·九"运动爆发的前夕，李公朴因骑马摔伤了手臂，住进了医院，并仍在医院坚持工作。我常去陪他住院，协助他处理一些工作。我们谈起群众迫切需要革命歌曲，李公朴鼓励我说："我赞成你好好收集材料，编辑一本救亡歌曲集，由读书生活出版社出版，让全国大众都怒吼起来，这对于推动救亡运动，有多大意义啊！"

1936 年 7 月，在李公朴和孙师毅两位先生的大力支持下，父亲在上海编印的第一本抗日救亡歌曲集由读书生活出版社出版了，取名"中国呼声集"，由公朴先生作序。序里写到：

周君对于音乐极有兴趣，在业余时间，研究乐理和声乐，近来正在尝试作曲，他的一些音乐上的知识，完全是一点一滴地从自修中得来的。他编选这本歌集的时候，不但重视歌词的意识，同时，对于各曲的旋律，也曾加以研究，而在可能范围内，也曾把少数歌曲很慎重地修改了一部分。至于一般歌曲集里所发现的写谱方面的错误也完全改正了，为了便利大众能读简谱，他又很通俗地把一些最普通的法则写了出来，使人一读就懂，所以这本《中国呼声集》，无论在内容形式都是目前比较完备的一种，也是救亡运动高涨的时候，极端需要的一册大众歌唱的必备书。

20 世纪 50 年代，父亲率领文化代表团访问东欧

由此可见，这本歌集是顺应当时救亡和启蒙思想主流的出版物。父亲专门为这本书写了《怎样读简谱？怎样唱？》一文，说明他当时考虑到了这本小册子的启蒙作用。在"编者的话"中，他写到：

这儿有的是：雄狮醒觉后的怒吼，挣扭锁枷时的长啸。在这些呼声里，被压迫的大众已一致地喊出自己的要求了：大众要抗敌，要除奸，要求中华民族的自由和解放；大众绝对不愿做奴隶，不愿做亡国奴。

……

我希望全国的人们，都能唱这些雄壮的歌曲，会唱的人都去教别人，把这些吼声传布到每一个极小的角落里去，使全国大众的精神奋发起来，使救亡意识在怒吼声中坚强起来，统一起来：这就是我编选这本

歌集的最大的希望了。

《中国呼声集》在很短的时间内风靡一时，成为中国大大小小专业合唱团和业余合唱团必备的教材。有的合唱团甚至人手一册，团员们将之视为宝贝。没有歌本的，就借书手抄或刻蜡板油印。读书生活出版社先后印刷了两版，共三万册，全部销售一空，仍供不应求。

一本歌曲集，受到如此热烈的追捧，很快就引起了国民党当局的注意。一天，他们串通上海法租界的巡捕房到读书生活出版社来查抄《中国呼声集》。门口停着警车，几个彪形大汉气势汹汹地围着工作人员翻阅出版社摆在楼下营业部的歌集。好在我父亲他们一向有准备，大量的书都保存在另外的仓库里，门市部仅摆放着十几本《中国呼声集》，还有几本是旧的。

那天，我父亲正好在楼下营业部，被堵个正着。他们问父亲《中国呼声集》主编周巍峙，作曲者吕骥、孙慎，词作者孙师毅、塞克、冼星海的地址，父亲都说不知道。他们问："这些人送稿子来，取稿费，不留下地址吗？"父亲说："大部分歌曲是从社会上收集来的，不是作者送来的，或者是作者让人送来的，稿费也常是别人代取——就是作者本人来取，我们也无权问别人的住址，现在去哪儿找呀？"他们问不出什么名堂，只好悻悻地拿着十几本"禁书"走了。

那时父亲的名字是周良骥，周巍峙只是笔名。特务们向周良骥打听周巍峙的住址，当然什么也问不出来。父亲取此笔名本意就是与黑暗势力巍然对峙。这天，他真正面对面做到了。

《中国呼声集》第一版出版后，由于社会上对这本书的需求很大。为了继续在人民大众中推进救亡歌咏运动，组织群众参加斗争，父亲与社领导及孙师毅、盛家伦等人商量，决定把《中国呼声集》改为《民族呼声集》，主编改名为何立山（暗喻面对黑暗势力，像山一样岿然不动）。发行单位也不用读书生活出版社，随便起了一个"山东歌曲研究会"的名字。丁里很赞成这个改头换面的办法（用"山东歌曲研究会"的名义出版，也是这位山东汉子的点子）。他立即构思，重新设计了《民族呼声集》的封面，封面就是一幅很好的宣传画。

《民族呼声集》于 1937 年 4 月出版，一共收录父亲创作的十首抗战歌曲。《上起刺刀来》最早发表在当时的进步期刊《光明》月刊上，由丁里绘谱，也被收入《民族呼声集》中。

七君子的"秘密邮差"

1934 年 2 月，《新生》周刊问世。"新生"暗喻"新的《生活》"，表面上负责人是杜重远，实际编辑就是艾思奇。我父亲积极参加了筹备工作。

1935 年 5 月，日本借口《新生》周刊发表的《闲话皇帝》一文"侮辱天皇"，向国民党政府提出抗议，要求惩办《新生》周刊主编杜重远。国民党当局屈从于日本的压力，查封了《新生》周刊，逮捕了杜重远。7 月 9 日，法院审理那天，我父亲带着传单，与公朴先生和张曼筠一起到了法庭。庭长怕闹事，谎称延期开庭，待公朴先生等离开时，又临时宣布开庭。但公朴先生早已料到这一招，临开庭时，又及时赶回法庭。当法庭宣判杜重远犯"敦睦邦交"罪，判处 14 个月监禁，不得保释时，杜重远大呼："中国人不做亡国奴！"公朴先生和我父亲也带头高呼："打倒日本帝国主义！"立时，抗议的口号声响彻法庭内外，抗议的传单满天飞舞。镇压群众抗日运动的审判，成了激发群众抗日救国热情的导火索，成了在法庭上的一次抗日集会。

1936 年 11 月 23 日早晨，我父亲照常去公朴先生家上班，到了那里才知道公朴先生已在凌晨被捕。这就是震惊国内外的"七君子事件"——南京国民政府以"危害民国"罪在上海逮捕了李公朴、沈钧儒、邹韬奋、史良、章乃器、王造时、沙千里等七位救国会领导人，并把他们投入苏州监狱。那天早晨李公朴夫人见到我父亲后，很紧张地告诉他：有一封中华苏维埃政府毛泽东主席写给救国会沈钧儒、邹韬奋、章乃器、陶行知及全体救国会会员的信还存在家里，没被搜去。"公朴说，跟你商量一下，看怎么办？"

父亲为了保守共产党的机密，保护救国会领导人，就把这封信带回去，藏在自己家里。为了不被人发现，我祖父把这封信藏在自己身上，整天在马路上转，以防国民党来家查抄。公朴先生和救国会的几位负责人被捕后，读书生活出版社工作十分困难，艾思奇、黄洛峰、柳湜等同志要我父亲去出版社工作，担任出版部主任。

因为我父亲尚年轻，不大为人所知，活动起来比较方便，那时他经常到苏州监狱给七君子送书、送吃的，从上海到苏州去，一下火车就到监狱，然后就坐火车回到上海。

打倒"四人帮"后，父亲与母亲的第一张合影

相隔四年，我父亲再见到韬奋先生，竟然是在苏州监狱！

1937 年，卢沟桥事变爆发。7 月底的一天，我父亲穿着从部队借来的长满虱子的军衣，扮二十九军的战士在上海蓬莱大戏院里演《保卫卢沟桥》。忽然，公朴先生出现在剧场里。他是刚从监狱里出来，特地来看望大家的。他当场作了热情洋溢的讲话，剧场里群情鼎沸，掌声、歌声、口号声不断，气氛感人。

轰动国际的"七君子事件"就这样以进步民主力量的胜利而结束。

奔忙六十载的"打杂工"

公朴先生出狱后不久就决定带柳湜、桂涛声和我父亲一起去华北前线做抗战宣传和动员、组织民众的工作。父亲从内心感到公朴先生实际上是要和共产党、八路军直接联系，于是决定随他一起奔赴山西前线。

著名的红军将领彭雪枫将军 1936 年秋就已经被派往太原等地做团结各界爱国人士、联合阎锡山抗日的统一战线工作。抗日战争爆发后，他出任八路军总部参谋处处长兼驻晋办事处主任。

公朴先生到达太原后和彭雪枫商量，并经周恩来同志批准，担任"民族革命战争战地总动员委员会"委员兼宣传部部长，以救国会的名义创立"全民通讯社"并担任社长，日常工作由八路军办事处领导。

公朴先生在结束太原的工作回南方之前征求我父亲对工作的意见，我父亲表示愿意留在太原参加"全民通讯社"的工作。

1937 年底到 1938 年初，我父亲再次接待李公朴率领的救亡演剧队时，已经正式参加了八路军，是驻临汾办事处的秘书兼八路军学兵队的音乐教官。对父亲来说，《上起刺刀来》已经不再是一首歌，而是父亲从军的事实。

有意思的是，彭雪枫问我父亲是不是共产党员，我父亲想当然地回答"是"。再问起细节，我父亲才知道原来成为一名共产党员是要履行严格的手续的。

彭雪枫马上决定做我父亲的介绍人，发展他入党。

1938 年春，彭雪枫被派往河南开辟根据地，我父亲入党的事就没有下文了。后来我父亲再入党是由丁玲介绍的。但中华人民共和国成立后，我们从组织部的档案中查到了彭雪枫介绍我父亲入党的书面文件。因此，在我们心里，他的入党介绍人就是彭雪枫。

音乐界有人说，父亲是"上海救亡歌咏运动的先行者和组织者之一"，并对他在文化部主持的《中国民族民间文艺集成志书》298 卷的出版，为建筑"中华文化长城"所作出的贡献，加以称道。而"文革"前，他更是各种文艺活动和文化交流的最重要的具体组织者。难怪周总理亲口对我父亲说，他是国家总理，我父亲是"文艺总理"。

至于著名的《志愿军战歌》，那是我父亲开会时"开小差"的成果。田汉在会上讲话，他看报纸上有志愿军战士麻扶摇写的一首诗，随手就谱了曲，前后不过十分钟。这首曲子不但当时是鼓舞士气的最好歌曲，直至今日，我国改革开放多年之后，仍然是群众最喜欢的传统革命歌曲之一。

虽说周总理曾称我父亲是"文艺总理"，但父亲在《八十自嘲》一文中，却幽默地自我描述说："来自贫寒户，混迹文坛中，奔忙六十载，一个打杂工。"

父亲对上海一直有着不一样的情感，这种情感渗透在他数十年的生活里——他一直喜欢吃上海本帮菜；他接到上海朋友的电话，就会很流利地冒出一串上海话；有时还会给当年合唱队在上海的队员打个电话，彼此问候一下。父亲很少讲自己，很少谈他年轻时在上海的经历，但平时和我们聊天，他也会提到当年的一些趣事，比如，史量才一辈子都只穿长袍，从不穿西服，所以看到我父亲穿的蹩脚西装就颇有微词，觉得年纪轻轻还穿个西装。公朴先生吃西瓜只吃中心一块，其他就让他们这些工作人员吃。所以我父亲虽然穷，但不缺西瓜吃。

他们这些人当时很年轻，正是饭量大的时候，又没有钱，有时实在馋，就一块儿去俄国大菜馆，只要一份红菜汤。当时俄国大菜馆的传统是面包白吃，随便要，于是他们就不断地要面包，直到服务生只端一片上来……

正是年轻时的这段经历，使父亲至今对红菜汤情有独钟，百吃不厌。

我父亲非常重视与艺术家、专家联系。我母亲生我的时候，他却陪刚刚到解放区的马彦祥先生去外地参观，惹得我母亲很长时间都不原谅他。创作《东方红》初期，原准备加一点京剧因素，他们和周总理开会讨论时，遵照周总理的指示请了一位京剧表演艺术家在会议厅外等候。但会开得过长，且没有定论，那位艺术家就回家了。会议结束，我父亲直接奔那位京剧艺术家家中，代表周总理向她道歉。他没有架子，我陪他去过许多艺术家、画家的家，谈家常，问困难，包括舞蹈演员、戏剧演员家里是地板还是水泥地，他都要去亲眼看看。苏叔阳和乔羽都说过，去过他们家的部长，只有我父亲。这样的故事很多。我常常劝他将这些花絮和逸事写下来，他只是回答"没有什么意思"。他觉得这是很普通的事。

很多人尊我父亲为"真正的文化部部长"。但在我眼里，我父亲从来都不是官，特别不是行政官员。他善于将自己手中的权力、影响和智慧转变成具体的艺术实践，出作品、出成果、出人才。他实际上还是一个艺术家。

而我父亲最得意的，是自称文艺打杂工。

打杂就是办事。

打杂就是办别人不屑于办的事。

他真是一个好打杂工。

他几次说，我的前世是他门下的一个烧火小和尚。烧火也算是打杂吧？

我希望我也能烧得一把好火。

我父亲走了，如他梦中所想，身穿月白色的长袍，无牵无挂，消逝在西湖边狮峰山下的一片茶丛中。

20 世纪 20 年代昙花一现的文坛彗星淦女士

———

严蓉仙

　　她，淦女士，20 世纪 20 年代初登文坛即以卓异的才情和对女性恋爱心理的大胆描述引起评论家注意，被称为"新女性作家之先锋"，鲁迅也赞誉她的小说是"精粹名文"。正当人们对她充满了期待，她却突然在文坛销声匿迹，给后人留下一个难解之谜……

　　淦女士，真名叫冯淑兰，河南唐河县人。1917 年秋，随兄长冯友兰负笈远行，考入了北京女子高等师范学校国文科。北京是政治、文化的中心，五四运动的发源地，波涛起伏的新文化运动，眼花缭乱的新思想——十月革命胜利带来的马克思列宁主义，西方传入的"德先生""赛先生"，使这位"养在深闺"的河南姑娘晕头转向。然而，她稍稍调整后，很快适应了环境，并勇敢地站到了队列的前排。

　　震惊中外的五四运动，起初是北京学生的爱国集会，女子高等师范也是筹备者之一。5 月 4 日上午，学生们正整装待发时，思想顽固的老官僚校长竟派人在校门上套了把大锁，不准学生们外出游行。焦急万分的女学生们和校方交涉毫无效果。冯淑兰急中生智搬来了块石头，敲啊撞的，锁竟被砸开了。校门一开，女学生们像脱缰的野马般地冲了出去，赶到石碑胡同口和其他高校会了师，才使女高师的学生们在五四这幅波澜壮阔的历史画卷上留下了飒爽英姿。冯淑兰的胆识和智慧得到了同学们的钦佩和赞赏。

第二件让师生们刮目相看的则是出演《孔雀东南飞》中的恶婆婆。"五四"以后女高师学生反封建热情不减，为了启发群众教育自我，李大钊先生倡议把古代名诗《孔雀东南飞》改编成话剧演出由冯淑兰、程俊英执笔改编的剧本写出来了，李大钊兴致勃勃地亲自执导，但没有人愿意扮演焦母，大约怕扮演又刁又蛮的坏老太婆有损少女如花似玉的形象。冯淑兰面对僵局，主动承担了这个角色。演出是在距女高师一箭之地的教育部礼堂。

话剧是刚从西洋传入的一种新型剧种，又由女大学生粉墨登场，这样的新鲜事能不轰动！连演了三天，场场爆满，盛况空前。晚六七点开演，四点便席无虚座，郊区的清华大学的学生们坐着校车来观看演出。李大钊偕同夫人和儿女早早地坐到了台前，《戏剧》杂志的陈大悲等也来助兴。买不到票的青年们围在门口，争着吵着不肯离去。

穿着戏装上台的女大学生们演得十分投入，特别是恶婆婆对刘兰芝的凶悍残暴、蛮不讲理；儿媳的柔弱无助、温婉凄楚演得惟妙惟肖。当一对有情夫妻终于让焦母逼得走上绝路时，场子里扼腕叹息，群情激愤。演出结束，演员连连谢幕，热情的观众还不肯离去。

散场后，女孩子们还沉浸在舞台的激动中，冯淑兰指着自己的戏装，调皮地望着众人："你们整天叫嚷自由自由，今天让老身出了口恶气！"凶神恶煞的模样，逗得人忍俊不禁。正巧李大钊来向她们祝贺演出成功。后台沸腾了，大家欢呼："我们成功了！"

这次演出活动实在太不寻常，以至在 60 多年以后，笔者去华东师大拜访程俊英先生时，当她谈到那次演出还神采飞扬，双眼熠熠生辉，连演出时的细枝末节都能一一描绘出来："冯沅（wan，福建人发音）君的焦母演得活灵活现，她恶狠狠地瞪我一眼（程俊英演兰芝），我就瑟瑟发抖。"时间没有冲淡这位 80 多岁高龄的老教授的记忆，足见这是一段人生难得的华彩乐章。

冯淑兰是同学们公认的刻苦勤学、敏于思考的学生，她热情大胆、思想活跃，不拘泥于书本陈规，在李大钊先生的课堂上常和老师研讨妇女解放的敏感问题。胡适先生做报告，她担任记录，在社会研讨活动中她总能提出独特的见解。还把自己对妇女问题的看法撰写成文章——《今后吾国女子之道德问题》发表在女高师文学研究会的《文艺会刊》上。文章旗帜鲜明地指出了男女在人格道德上应当平等，并点出了妇女解放的关键是经济独立。这时的冯淑兰对妇女的命运已在作深层次的思索了。

那是个新旧交替的时代。冯淑兰高喊着自由解放，自己的身上恰恰又背负着沉重的旧礼教包袱。她在河南老家时，已由家庭做主和当地一位地主少爷订了婚。她苦恼、矛盾，终于下定了冲杀出来的决心，扯断系在身上的封建婚姻绳索，走自主婚姻的道路。

在新文化运动的交往中，她认识了北京大学物理系的王品青，两人由文友到朋友到挚友情深意笃，来往密切。

1922 年夏，冯淑兰在北京女子高等师范毕业，旋即进入北京大学当了国学门的研究生。北京大学是五四运动的策源地，那里人才济济，天地广阔，对这位 22 岁才女的发展，给予了极优越的条件，她可以尽情地展翅飞翔。

1924 年春天，在创造社的刊物上，出现了一位叫淦女士的作者，连续发表了《隔绝》《旅行》《慈母》和《隔绝之后》等短篇小说（后结集成单行本时称《卷葹》）。女作家对封建习俗的大胆抨击，对青年争恋爱自由的热情讴歌，引起了青年读者的强烈共鸣，在当时沉寂的文坛掀起了轩然大波。

《隔绝》是这组系列的首篇，描写了一个在外地读书已有了爱人的女学生，回家探亲时被母亲幽禁，强迫她嫁人，她抱定了"生命可以牺牲，自由意志不可以牺牲，不得自由我宁死"的决心和家庭抗争，结果服毒自杀了。她的爱人闻讯赶来也服毒殉了情。

小说情节虽简单，但凄婉动人，女主人公为了维护做人的尊严，呐喊、抗争，和旧礼教作殊死拼搏的精神可歌可泣。可惜，她手握"个性解放"的盾牌过于脆弱，敌不过根深蒂固的封建势力，最终还是成了他们祭坛上的又一只羔羊。

鲁迅在《娜拉走后怎样》中指出：在经济权未解决之前，妇女即使走出家庭，也会碰到两种危险："不是堕落，就是回来。"《隔绝》中的"殉情"是妇女求解放的又一无奈出路。

淦女士的高明之处就在于能直视人生。她对庞大的封建势力以及缠在青年身上的旧传统、旧礼教的包袱看得很清楚，小说中明确地点示出了"为爱情自由而死的血路"，旨在为后人开辟恋爱自由的道路。死是一种战斗方式，虽死犹荣。

《旅行》的基调和《隔绝》相反，明朗、洒脱，显示出了新女性傲视世俗，走自己的路的高昂调子，是投向封建旧礼教的一支利箭，历来被评论家所垂青。

主人公"我"是个有叛逆性格的女学生。她和情人旷了十多天的课，花了几十元钱作了一次爱情的旅行。他们在火车里，面对风尘仆仆"要完成名利使命"的众生，为自己"要完成爱的使命"而感到无上"骄傲"，无比"尊贵"。在十天中，他们"夜夜同衾共枕，拥抱睡眠"，但冰清玉洁，因为他们追求的是"纯洁的爱情"。然而他们也意识到现实的严酷，对自己的前景有清醒的预测。如果压力实在太大，自己无力抵御时，两个相爱的人便"彼此拥抱着""向无垠的海底沉下去"，"做个方生的主义真理的牺牲者"。

这种追求乌托邦式的爱情至上，自然带有作者浓厚的小资产阶级情调，但那种向往真挚爱情，决心和旧礼教来个鱼死网破斗争的革命性，实在是勇敢者的行动，有着振聋发聩的作用，甚至对今天的青年还有着启迪作用。

《旅行》的出现比《隔绝》更为轰动。青年读者们为作者能反映时代青年的公意，喊出时代青年的呼声大声叫好，有见地的评论家称淦女士是"新女性作家之先锋"。鲁迅先生把她的《旅行》和《慈母》收进了他正在编纂的《中国新文学大系·小说二集》中，并在"序言"中作了如下介绍：

……其中的《旅行》是提炼了《隔绝》和《隔绝之后》的精粹名文。虽嫌过于说理，却还未伤其自然；那"我很想拉他的手，但是我不敢，我只敢在间或车上的电灯被震动而失去它的光的时候，因为我害怕那些搭客们的注意。可是我们又自己觉得很骄傲的，我们不客气地以全车中最尊贵的人自命"。这一段实在是五四运动后，将毅然和传统战斗，而又怕毅然和传统战斗，遂不得不复活其"缠绵悱恻之情"的青年人的真实写照。和"为艺术而艺术"好作品中的主角，或夸耀其颓唐，或炫鬻其才绪，是截然不同的。

鲁迅先生如此评价一位青年作者也并不多见，足以说明其作品的时代价值了。

1925 年，这四个短篇由王品青交给鲁迅先生，要求编入鲁迅先生主持的《乌合丛书》中。1926 年，《卷葭》单行本由北新书局出版，王品青大约就在这段时间因病逝世了。

此后冯淑兰又写了若干小说，编集成《劫灰》，但内容和风格有了大拐弯，已没有了《卷葭》中对封建势力的凌厉攻势。淦女士的笔名也不再运用。大名也从冯淑兰改为冯沅君。完成于 1927 年署名沅君的《春痕》成了她告别小说界的关门作品。这是一部由一位女性写出的 50 封信组成的书信体小说。

《春痕》的女主角是个内心伤痕累累、多愁善感的年轻女子，由于某种沉重的痛击，使她对人生悲观失望，精神麻木到"欲哭无泪，欲笑无声"的境地，她自认为"生命之流渐渐干了"。一个叫璧如的男子闯入了她的生活，在男方温柔热情的慰抚、细致周到的呵护下，她冷漠的心渐渐被温暖了，已冷冻了的情被重新点燃，直至"潮涌山崩，不可自止"，两人终于"卷入了爱的波涛"。

没有和读者照面的璧君，是位住在"水木清华"的才子，他既善解人意，循循善诱，又温顺体贴，关怀备至，用赋诗填词帮助女方排解寂寞，以情语蜜言启动她的爱心。功夫不负有心人，终于使这位"绕树三匝，无树可依"的天涯孤旅投入了他的怀抱。

记录爱史的第 49 封信中双方决定"以合摄影为定情之证"作为爱史的告一段落。一对有情人在经过半年时间的苦恋后，即将结成眷属。

《春痕》中的女主角瑗如如她自己所说是只"天涯倦羽"，她在为爱情的艰辛跋涉中已心力交瘁，遍体鳞伤，她已没有了奋飞的力气，在"愁""病""闲"中讨生活。当爱神向她招手时，她患得患失，"觉得前途的渺茫"，甚至还想到了"害了她的双鬓斑白的老母"，也"害了那不能使她爱而至今犹希望破镜重圆的地主的儿子"。当找到了爱的归宿时，她只希望两人长久厮守，知心合意地"读古今奇文，看看行云流水春花秋月"，自然也要读书做学问，不当寄生虫。这位才情横溢的女主人已不是个桀骜锋利的战士，而是个大家闺秀式的淑女了。

这部形式独特的书信体小说，实际上是陆侃如和冯沅君恋爱史的纪实。他们的相识相恋大约在 1926 年秋冬，当时冯沅君从南京金陵女大辍教回北京，在北京大学研究所国学门又继续进行研究工作，陆侃如还在清华大学当研究生。《春痕》女主人公的第 1 封信签署的时间是 1926 年 12 月，《春痕》的第 50 封信结束于 1927 年 5 月，冯、陆二人也正是 1927 年 5 月在上海合影订婚。订婚照的下端陆侃如写着"红楼邂逅浑如昨"。小诗吐露了真情。

1929 年 1 月，陆侃如和冯沅君在上海结婚，他们志趣相投，业务相近，可谓珠联璧合。从撰写《中国诗史》开始，两人便成了中国文学史研究上的黄金搭档，享誉国内外。

安定的书斋生活、紧张的教学和研究工作占满了他们的全部生活，轰动小说界的淦女士销声匿迹了。

聂耳与站在他身后的郑易里
——纪念聂耳 100 周年诞辰*

郑璀　蓝德健

今年是聂耳 100 周年诞辰，人们在怀念这位人民音乐家的同时，更不能忘记那些在他困难时伸出援手、在他精神迷茫时给予指点的他的好友和同乡们。郑易里就是其中的一个，并且是对他影响最深的一个。

在聂耳生命的最后五年里，郑易里一直是他生活中密不可分的朋友。对于聂耳，他不仅在经济上提供支持，在其走向音乐的道路上指明方向，而且在生活中也给予无微不至的关怀。在聂耳远赴日本求学前，他的日记、来往信件、照片等都寄放在郑易里处；当他在日本遇难后，他的骨灰也是运送回来寄放在郑易里家里。可以说，没有郑易里，聂耳可能就不会成为聂耳。这是一段鲜为人知的历史。

聂耳从云南转赴上海投奔郑易里

1930 年，18 岁的聂耳正在昆明读中学。那时的聂耳已经显露出极

---

* 文章的部分内容参考了聂耳日记

高的文艺天赋，吹拉弹唱，演剧，扮男角、女角，无所不能，经常活跃在舞台上。他因积极参加中共地下党领导的学运活动，引起国民党当局的注意。为躲避当局的迫害，聂耳于当年 8 月 1 日从昆明来到上海。

聂耳到上海后便经常和郑易里在一起，一是因为他们是玉溪老乡，在玉溪搞活动时见过面；二是因为聂的三哥聂叙伦跟郑易里不光是好朋友，还有着一层亲戚关系：聂叙伦是郑一斋（郑易里的二哥）的大女婿，也就是说，聂叙伦是郑易里的侄女婿。所以，尽管郑易里只比聂耳大 6 岁，但从辈分上讲，他比聂耳长一辈。

那时候，郑易里在上海已站稳脚跟，他在黄浦江附近的法大路开着一家商栈，专门批发云南的土特产，同时也为在昆明的二哥和五哥办货，经济上自然比较宽裕。聂叙伦知道郑易里在云南是中共地下党员，思想上牢靠，所以就把聂耳托付给他。聂耳 1930 年夏到上海，1935 年春赴日本，在他生命的最后五年里，与郑易里的关系最密切。聂耳的日记里多次出现"郑""雨笙""笙""重良""七叔"等字样，都是指郑易里。从他的日记里可以看出，他对郑易里非常信赖和崇拜。

聂耳学习英语和日语，并在音乐方面显示出天赋

由于中共云南省委被彻底破坏，郑易里在上海跟党组织接不上关系，又赶上上海出了大叛徒顾顺章（当时的中共中央政治局候补委员、特委委员），上海的地下党组织也遭到彻底破坏，很多共产党人被抓、被杀，一片"白色恐怖"。但郑易里仍然坚守着革命理想，除了做生意，他还参加了上海闸北区"反帝大同盟"的工作。民国时期的上海是个物欲横流、纸醉金迷的花花世界，思想不成熟的年轻人很容易堕落其中。18 岁的聂耳年纪轻轻，涉世不深，郑生怕他走上歪路。郑易里知道聂耳在昆明参加过学生运动，于是就在聂耳到上海两个月后，介绍他参加了

上海虹口区的"反帝大同盟"，还告诫他工作再忙也不要放弃学习，尤其是外语。

聂耳在上海的第一份工作是在云丰申庄负责采买，并往昆明发货，每天四处奔波劳碌，住所简陋，环境嘈杂。在繁重的工作之余，他在一家业余学校报了英语班，上了一次课后，发现这个班教授的英语程度太浅，还不如自己的水平，完全没有必要再在那儿学习。郑易里知道后就劝他："学日语吧，中国人学日语相对容易些。"于是，聂耳又报了一个日语班，郑易里为他买了《日文典纲要》等参考书。上了几个月的课后，聪明的聂耳便摸到了这个日语班的底数，觉得还不如抱着《日文典纲要》自学好，有问题还可以问七叔（郑易里在家排行老七），于是他跟郑约好，每星期三、六，请郑为他解难释疑。除此以外，聂耳还经常跑到日本人成堆的四川北路去听日本人交谈，学习他们的发音和语调。聂耳还自学小提琴，他因帮家乡好友在上海租赁电影片，得到 100 元酬金，他将一半寄给家乡的母亲，另一半买了冬衣和一把小提琴，此后便坚持每天练琴。

聂耳的住处离黄浦江码头不远。一天晚上，天气又热又闷，郑易里去找聂耳，二人便到黄浦江码头去乘凉谈心。忽然，聂耳停止说话，好像发现了什么似的举起一只手拦在郑的面前，轻声而又短促地说："听！听！"原来，在风声、浪声、汽笛声中飘扬着一种优美有力的旋律，那就是不远处码头工人搬运货物的简单、重复的劳动号子。听了一会儿，他连声说："美妙极了，美妙极了！"郑易里在昆明的时候就知道聂耳是学校的文艺活跃分子，但想不到他对音乐有这么深的感悟，竟能捕捉到生活中的旋律。

在思想浮躁时受到郑易里的指点

不久，云丰申庄因做走私生意被查封，聂耳的生活没了着落，他便在报上苦苦寻觅招聘广告。当发现联华影业公司音乐歌舞学校（其中包含明月歌剧社的班底）招考练习生的广告时，他欣喜若狂，正式录取后"供给食宿，按月津贴零用十元"的待遇更使他高兴，因为这不光契合自己的兴趣，连生活也不用愁了。于是，聂耳欣然前往报考并被顺利录用。从此，他的生活就变成了排练、演出，业余时间向社内小提琴老师王人艺学习小提琴，练习钢琴，跟同事一起看看电影，在宿舍里聊天说笑……艺人们都是很会"耍宝"的，在这方面，聂耳似乎更胜一筹。

郑易里看出聂耳在歌舞班变得有些浮躁，总是东撞一头西撞一头地安不下心来，于是就给了他一本外文书，让他帮忙翻译，书名叫"发明"。聂耳拿回去后，几次拿起来又放下了，他实在提不起兴趣。一天，他去找郑易里，想把《发明》还回去。到了郑那儿，郑笑着问他："你有时间吗？"聂耳告诉他，自己还没有动手翻译这本书。郑易里鼓励他说："你现在英文、日文都有一定基础了，通过翻译一些简单的文章，你的水平会提高得更快。趁你现在还年轻，抓紧提高水平，一旦有需要时，马上就能派上用场。"接着他们又聊起各自的年龄，两人相差五六岁，郑说："我在五年之内不知要做多少事哩！"聂耳心想："我何尝不希望这样，可总是潮涌奔放地沉浮不定，我该如何上进呢？"郑易里觉得，聂耳所处的环境很容易让人变得浮躁，但他还是要求进步的，只是因为年轻，精力旺盛无处发挥罢了。聂耳很聪明，只要引导得法，他会很有前途的，特别是在音乐方面。

平时郑易里在和聂耳接触时，经常跟他讨论人生哲学问题，勉励他树立正确的人生目标，看一些哲学书籍和进步书籍。1931 年夏，聂耳在回顾离开家乡一年来情况的日记中写道："我背驰原定的路线，我放松了某一种中心思想的发展……""不论你从哪条路跑，你对于哲学基础的不稳定，终于是难得走通的""新的脑子要随时装上新的养料，才能向着新的轨上（目标）发达"。当他和郑易里说起这些想法时，郑易里说："我也时常觉得脑子里有饥荒，我们都需要正确的思想养料。"聂耳决心加强学习，遂跟郑借了《反杜林论》等书籍来读。几个月后，他在日记中用英文写道："过去的聂守信，不是现在的聂耳。"聂耳决心要奋起努力了。

1932 年，受战争影响，联华影业公司决定节员简政，遣散了联华歌舞班，仍恢复为明月歌剧社，聂耳被选为音乐研究股的执行委员，他终于站到从事自己喜欢的音乐事业的位置上了。1932 年的"一·二八"事变，对聂耳的思想震动很大，促使他再次探索自己的人生道路。他在日记里写道："每天花几个小时练基本功，几十年后成为小提琴名家又能怎么样？你能鼓起劳动群众的情绪吗？"面对抗日救亡的社会现实和时代责任，聂耳认识到，个人的艺术道路必须和时代结合起来才有意义。于是，他整天在想，怎样去做革命的音乐。

此时的明月歌剧社还在演脱离社会现实的节目，完全没有反映人民群众强烈要求抗日的爱国热情。同年 4 月，聂耳与中国左翼戏剧家联盟负责人田汉见面，由此便开始了他在"左联"的活动。他以"黑天使"为笔名，对明月歌剧社的领导黎锦晖提出了尖锐的批评和忠告，引起黎的反感。当黎锦晖发现"黑天使"就是聂耳以后，便找他谈话，并很严厉地对他说："你既然吃我的饭，就不应该骂我！"聂耳说："我何尝是骂你，我不过是希望你改变改变作风罢了。难道你丝毫没有感觉到时代已经不同，靡靡之音已经没有生命了吗?!"聂耳深深感到，吃黎家班的"饭"毫无滋味，便毅然离开了明月歌剧社。

聂耳为了梦想赴北平学习

一天早上，郑易里和聂耳还有一些云南老乡到黄浦江码头为郑易里的六哥郑子平去日本深造送行。聂耳受到启发，有了北上的念头，想到北平看看那里有没有他所追求的事业。郑易里很支持他，给了他100元钱作为盘缠。当时上海到北平的火车票只需18元，100元已经是笔不小的数目了。聂耳把打算北上的决心通过钱千里告知上海的"左联"，很快就得到了批准。上海"左联"又通知了北平"左联"的负责人之一于伶，请求他们给予聂耳帮助。临行前的晚上，郑易里特地给聂耳送来一封介绍信，是写给郑在北平的亲戚的，说可以帮助聂解决住的问题。聂耳想，这100元也包括在北平的生活费，路费能省就省吧，于是便舍弃坐火车，买了更便宜的轮船票。第二天，即1932年8月7日下午4点多，聂耳坐上开往天津大沽口的汽轮，暂别了曾留给他无数回忆的上海。

到达北平后，聂耳住在宣武门外的云南会馆里。在云南老乡的陪伴下，他游览北平的名胜古迹，多次去天桥看民间艺人的表演，体察、倾听劳苦百姓发自内心的呼声，还向俄籍私人教师托诺夫学习小提琴，并多次观赏北平的中外音乐会和戏剧演出。9月5日，聂耳给郑易里写信，汇报他在北平生活近一个月的情况，内容都是北平怎么好玩，因贪凉冰激凌、刨冰吃得过多得了痢疾等，并说想回上海。9月11日，他接到了郑易里的回信，郑在信中责备他说："你才刚到北平，不该这么快就回来。"郑的意思是，既然你去北平的目的是寻找发展机会或深造机会的，现在什么事都没做就回来，有点不应该。

9月13日，聂耳去报考国立北平大学艺术学院，在当天的日记里，他这样写道："明天要考试了，什么也没有预备，在三十三号鬼吵鬼闹玩到十二点才睡。"（注：大家在一起聚会，送别好友去日本）9 月 14 日要赴考场的当天早上，他才去借毛笔、墨盒。这样去参加考试，当然没被录取。

从 9 月中旬起，聂耳参加了北平左翼戏剧家联盟、左翼音乐家联盟的排练演出和组建活动。来北平一个多月了，他一直找不到工作，100 元钱也马上要花完了，当然小提琴也学不成了。当时他周围有不少人动身去日本深造，他也就萌生了去日本学习的想法。他托人捎信给郑易里去询问意见，又在 10 月初去信要求向郑借 200 元钱去日本深造，深造不成再回上海。到了 10 月中旬，他越发急切地盼着郑的回信。10 月 21 日，他实在耐不住了，就给郑发了电报，催郑汇 200 元钱来。北平的十月底已是寒风刺骨的天气，对于聂耳来说，别说买冬衣，就是吃饭的钱都捉襟见肘了。到了 10 月 25 日，他终于接到由李生萱（艾思奇）转交给他的郑的来信。郑在信中对他在北平的状况表示同情，然后帮他分析了赴日的可行性，认为他的日本之行如果真打算去学校学习，200 元钱是区区小事，但后续费用怎么办？郑易里仔细给他算了一笔账，这些都是聂耳没想到的，他的赴日行程只好暂缓。10 月底，郑易里给聂耳汇去 30 元钱，叫他回上海商议以后的事宜。

聂耳在音乐方面开始绽放出异彩

11 月 8 日，聂耳回到上海，由于没有马上取到行李，便到郑易里处借宿。两人见面异常高兴，聂耳有了一种回到家的感觉。他们聊了很多，郑易里分析了聂耳目前的状况，肯定了他在北平的努力，告诉聂耳目前他只是在音乐方面迈出了一小步，没考上北平大学国立艺术学院，说明他还有差距，在这种情况下去日本深造，困难会很大。第二天临走时，郑易里语重心长地对聂耳说了一句话："你要努力呀！"他听后受到很大触动。

两天后，聂耳找到"左联"的田汉。当时中共上海中央局为了扩大革命文艺的传播与影响，占领观众最多的电影阵地，拍摄进步影片，便陆续把左翼文艺工作者输送到电影战线。田汉一看聂耳来得正好，就把他推荐到联华影业公司一厂，担任影片《除夕》的场记。1933年初，田汉介绍聂耳加入了中国共产党。

一天，聂耳在郑易里家吹口琴，郑听他吹得很好听，就问他复音是怎么吹出来的。聂耳说："我从前也很奇怪，总以为人家的口琴好、构造复杂，自己的口琴不好、构造简单，实际上才好笑呢，其实就是舌头的作用呀！在没有买书看以前，总不知道嘴里还有一个舌头，看了书以后，才奇怪自己怎么这么笨，吃饭咬痛了舌头，还嫌舌头在嘴里搅呢。"郑易里和聂耳讨论着，由"舌头的发现"推理到其他，认为只要努力学习，还可以发现不少能力。郑易里鼓励他说："在音乐上，你没有发掘出来的能力一定还很多。比如歌曲吧，你既然不满意黎锦晖，可想见你已经具有一种潜能，这潜能已在你心中发痒，使你对歌曲怀有新的要求。你不妨找本书看看，练习一下。"郑易里的一番话，如同为闷在黑暗中的人打开了一扇射入阳光的天窗，为聂耳挖掘自己的音乐天赋指出了方向。聂耳受到郑的启发，便找一些与作曲有关的书来看，练习作曲。从那以后，聂耳在联华影业公司干得越来越顺手，才几个月的工夫，就从场记做到音乐股主任，还为电影《母性之光》创作了插曲《开矿歌》。这是他创作的第一首电影歌曲，受到导演和观众的好评，聂耳的音乐天赋开始放出异彩。

不久，公司派聂耳为影片《渔光曲》配乐，他便跟着导演蔡楚生到宁波石浦拍外景。不巧，聂耳生起病来，嗓子肿痛，发着高烧，连吃饭喝水都难以下咽，找当地的中医、西医都看过，从公司借出来的两个月的薪水都花掉了，不但不见效，反而越来越重。他只得跟导演请了假，自己勉强支撑着病体回到了上海。因为没钱，不敢去医院看病、住院，只在红十字会花两毛钱挂号，配了点漱口水来消肿。生病期间，聂耳回想来上海的几年，不仅没有取得什么成就，现在还病成这个样子，不觉伤心地哭了起来。郑易里计算着日子，觉得聂耳该回上海了，就去霞飞路看望他，进门一看，聂耳骨瘦如柴地躺在床上，正在哭泣。聂耳一看郑易里来了，便面露喜色，比着手势勉强向他解释了自己的病情。郑让他张开嘴察看，发现不过是扁桃腺发炎罢了，就给他吃家乡有名的"阮氏上清丸"。没想到，聂耳连吃四天之后，病就痊愈了。

聂耳大病一场，超前支出了两三个月的薪水，耽误了一个月的工作，他觉得该好好安下心来干一场才是，便开始静下心来进行音乐创作。聂耳完成了《渔光曲》的配乐后，又为话剧《饥饿线》作插曲《饥寒交迫之歌》，为女报童"小毛头"作儿童歌曲《卖报歌》。从那以后，聂耳的音乐创作便一发不可收拾。

从1934年4月1日至1935年赴日，聂耳与任光、安娥一起组织出版了一大批进步歌曲唱片，并为多部进步影片录音配乐。他为影片《风云儿女》所做的主题歌《义勇军进行曲》，在1949年9月27日经中国人民政治协商会议第一届全体会议决议，被定为中华人民共和国代国歌，后又确定为国歌。

聂耳为逃避国民党的迫害前往日本留学

聂耳一生中的创作，绝大部分是在1933年到1935年完成的。这期间，正是民族危机极为严重的时期，也是国民党反动派对革命人民进行军事"围剿"和文化"围剿"最疯狂的时期，聂耳始终站在革命的前列。他在创作的歌曲中，表达了人民的呼声，民族的怒吼。

聂耳的革命活动很快就引起了国民党的注意，他因此遭到国民党当局的追捕。聂耳决定以找自己在日本做生意的三哥为名，去日本进行学习和考察，恰好当时他的好友张天虚（张鹤）也因遭到国民党的追捕做好了赴日的准备，于是他俩决定结伴前往日本。当时，孙师毅、贺绿汀、赵丹、唐纳、袁牧之等人冒着危险，特意在扬子舞厅为聂耳开了送别会。

1935 年 4 月 15 日清晨，聂耳从公平路的汇山码头登上了日本油船"长崎丸"。临走前，聂耳将自己暂时不用的物品，包括日记、来往信件、照片等都寄放在自己最信任、最亲近的长辈郑易里处，郑则嘱咐他到日本应该注意的事，他俩谁也不会想到，这次分别竟是永别。20 世纪 50 年代末，郑易里将这些非常有纪念意义的物品，提供给《聂耳》电影的编剧。一直到今天，这些材料都是研究聂耳的重要资料。

"长崎丸"飞快地朝着吴淞口驶去，聂耳又一次虎口脱险了。4 月 16 日下午 1 点 10 分，聂耳到了长崎，4 月 17 日下午 3 点到神户，夜晚 10 点坐火车去了东京。聂耳在 4 月 15 日的日记中制订了四个"三月计划"。

第一个"三月计划"是"学习日语，熟悉环境"。从他的日记可以看出，"按照目前说日本话的程度，已是超过意料之外"，他自己很满意。

第二个"三月计划"是"培养读书能力"，同时加紧"音乐技术的修养"。他在日记中写道："快快找到先生，钢琴继续练起来，和声学开始学起来，这样便宜的生活费、学费，不抓紧努力等几时。"

第三个"三月计划"是翻译试作，作曲（唱歌，乐剧）。

第四个"三月计划"是除继续第三个计划外，还要学习俄文，整理作品，做旅欧准备。

到日本三个月后，他在 7 月 16 日的日记里写道："今天为第一个'三月计划'期满之日，将过去三月工作做一检讨，大概得出下面的结论：一、日语会话和看书能力的确是进步了；二、音乐方面因听和看的机会多，便忽略了自己技术的修养，三个月来没有摸过一下钢琴，实在是莫大的损失；三、提琴练习时间比离国前一向多，这倒是好现象，但始终是不够，没有先生是主要原因；四、没有作曲的原因是'欺人自欺'的自觉'尔为什么到日本来'；五、中文程度的重新清算，有相当的效果。明天开始新计划，随时不忘的是读书、拉琴……"

23 岁的聂耳英年早逝

让人意想不到的是，1935 年 7 月 17 日，年仅 23 岁的聂耳在日本东京的奈川县藤泽市鸽沼海滨游泳时，竟不幸溺水身亡。

聂耳的死，在中国留学生中引起了强烈的震动。11 月 4 日，在馆山北条町的中国留学生海之家内，举行了聂耳的追悼会。聂耳的同乡、同学约 50 人参加了追悼会，有个女同学一遍又一遍地放着《义勇军进行曲》，似乎里面饱含着所有人的深切哀痛。

中国国内媒体大篇幅地报道了聂耳不幸去世的消息。8 月 16 日，聂耳的追悼会在金城大戏院举行，剧场里挤得水泄不通，主持大会的是明生影片公司董事之一周剑云。他在致辞中沉痛地说道："今年是电影界最不幸的年代，损失了三个重要人物，不可缺少的人物：一个是阮玲玉女士，一个是郑正秋先生，一个是聂耳先生……在这国内艰难的时期，正需要有为的青年去努力……"被称为"聂耳之后继者"的吕骥讲述了聂耳的创作生涯，郑易里代表上海云南同乡会和遗族介绍了其生平，做了"黑天使之死"的悼词。蔡楚生在读悼词时，因为极度悲痛，几次哽咽得几乎说不下去。最后，胡萍和龚秋霞演唱了聂耳作曲的歌曲。整个大会在悲痛、严肃、庄重的气氛中进行。

8月底，聂耳的骨灰和遗物由郑子平和张鹤从日本带回了上海，暂放在郑易里的货架上。为了将聂耳的骨灰和遗物送回昆明，1936年底，聂叙伦来到上海，虽然此时聂耳过世已一年半，但是面对弟弟的骨灰，他心中的悲痛还是无法抑制。聂叙伦在郑易里处住了几天，之后找到聂耳生前的几个朋友，询问聂耳是否还有欠款没还。所幸的是，聂耳生前在朋友和公司那里未欠一分钱。聂叙伦把聂耳的骨灰邮寄回昆明，安葬在昆明西山美人峰。

聂耳生命中的最后五年，是在上海度过的，郑易里既是他的长辈，又是他最亲密的朋友。他给予了聂耳生活上无微不至的关怀，学习上的督促，思想上的及时点拨，经济上的支持，最重要的是，他还为聂耳挖掘自己的音乐天赋指明了正确方向。正是有了这些帮助，聂耳才创作出了那么多脍炙人口、优美动听，反映劳苦百姓心声的富有战斗力和号召力的歌曲。我们可以毫不夸张地说：郑易里就是那个站在聂耳身后不断督促、不断鼓励和推动他前进的人，聂耳年轻的生命因此而绽放出绚丽的光彩。

他是人民的知音　人民是他的知音
——怀念音乐家劫夫

傅庚辰

　　相信群众，依靠群众，从群众中来，到群众中去，集中起来，坚持下去，一切为了人民群众的利益，这是中国共产党的工作路线。在音乐界，劫夫是执行这条路线的模范，他的作风、他的创作道路与人民群众有着血肉联系，他的身上仿佛有着一种与生俱来的与人民群众不可分割的共性，他的言谈举止、他的音容笑貌和群众是那样的水乳交融，他盘腿坐在群众中间，似乎你很难分辨哪个是老百姓、哪个是他，他对群众需要的敏感性，对时代需要的敏感性，对生活需要的敏感性极强。他把一个革命音乐家的思想情怀和现实生活、时代精神、人民命运的高度统一，把民族民间音乐和革命精神的高度统一，把深刻的革命思想和群众易于接受的艺术形式的高度统一，是难能可贵的，这是他的成功，是他留给我们的宝贵经验和财富。

　　1943 年，日本侵略者在晋察冀边区实行大扫荡，在完县野场村制造了"野场惨案"，我们 118 个老乡为了保守八路军的秘密，在敌人机枪和刺刀的威胁下英勇不屈，全部壮烈牺牲。劫夫闻讯赶到惨案现场，面对尸骨和鲜血，痛哭失声，悲愤万分，当场写下了《忘不了》这首歌，词曲几乎同时涌出。歌曲形象之逼真，情感之浓烈，曲调之动人，字字血、声声泪，是对日寇暴行的血泪控诉，获得了强烈的效果，达到了很高的艺术境界，成为叙事歌曲的典范。1963 年当我们的国家在前进的道路上面对许多困难，国外敌对势力刁难我们，有些人怀疑"中国的社会主义能不能走下去"的时候，劫夫以其坚定的理想信念敏锐地抓住了这个时代的重大主题，高唱出"我们走在大路上，意气风发斗志昂扬，共产党领导革命队伍，披荆斩棘奔向前方"。这首由他自己作词的歌曲《我们走在大路上》很快传遍全国，鼓舞了一代又一代的人们奋勇前进。1966 年，河北邢台发生大地震，劫夫迅速赶往灾区，创作出反映灾区人民心声的歌曲《天大地大不如党的恩情大》，创作速度之快、选取切入点之准、产生效果之强都是惊人的。歌曲作为灾区人民的决心和誓言，作为党和人民血肉相连的赞歌，产生了巨大影响，受到同一时期到达灾区的周恩来总理的称赞，周总理还特别谈到他很佩服劫夫能在党和国家遭受困难的时候写出《我们走在大路上》这样鼓舞革命精神的歌曲。

　　最能说明问题的例子莫过于前辽宁省委文化部部长、著名音乐家、中国音乐学院首任院长安波同志的一段回忆。那是在烽火连天的抗日战争年代，安波到群众中去采访，一位村干部讲起他的对敌斗争经历：他被捕了，敌人给他坐过三次"老虎凳"，灌了六次"辣椒水"，他几次"死去活来"，但他始终没有吐露一字秘密。安波在感动之余问这位村干部：是什么力量支持他的？哪知他不慌不忙地回答说："是两首歌子。"安波问："那是什么歌子呢？"村干部答："歌子没什么稀奇的，我们这里谁都会唱，一首是《歌唱二小放牛郎》，还有……"这时屋中"松明子"亮了起来，照在一副副年老和年轻人的脸上，他们个个带着严肃和深沉的目光，完全陷入了对敌斗争的回忆中，村干部喊了声："一、二！"歌声立刻划破深山长夜的寂静："你要我唱一支歌，我唱个民族英雄王禾"……当唱到"敌人用开水浇他、割去他的耳朵……他不言不语挺立不动"时，我看到很多老乡眼里闪着泪花，然而他们仍然引吭高歌下去："直到行刑那一天，英雄的颜色一点没有变……"这就是劫夫歌曲的战斗作用。于是安波当即致信劫夫："昨天晚上我们听到了一次世界上最美好、最高尚，也是最动情的歌声……这首歌就是你与方冰合作的《王禾小唱》。你应该从这件事中得到安慰，得到鼓舞与力量，你应该紧握你的笔杆。不，不是笔杆，而是一挺千金难买的重机枪！我相信在全国人民解放后，你在我们之中是最有资格大笑几声的！"这是多么生动的例证，一首歌曲在普通老百姓的身上产生这样大的力量，可见作品和作者与人民群众融合之深！劫夫是人民的知音，人民也是劫夫的知音。

深入浅出、雅俗共赏是艺术创作上很高的境界。这需要相当的功力，需要作者对生活的深刻观察，深入开掘和高度概括，需要选准下笔的切入点，提炼形象生动的语言，做到一语中的，劫夫的作品就有这样的境界。他的许多作品都是深刻的内容、简练的形式、生动语言的高度统一。抗战时期的歌曲《王禾小唱》《歌唱二小放牛郎》《忘不了》……解放战争时期的《国民党一团糟》……中华人民共和国成立后的《革命人永远是年轻》《我们走在大路上》《天大地大不如党的恩情大》等许多作品都是这样。特别是他为毛泽东诗词所谱写的许多歌曲更是如此。《蝶恋花》《送瘟神》《咏梅》《为女民兵题照》等许多脍炙人口的诗词歌曲都以其深入浅出、雅俗共赏的美学品格和艺术魅力赢得了广泛的赞誉，成为艺术上的精品。中央电视台为纪念毛泽东主席110周年诞辰播放的"毛泽东诗词颂歌"大型晚会里竟有劫夫同志的七首作品。由此可见他的诗词歌曲影响之深远，我想这是历史对艺术家及其作品的选择。艺术悟到高深往往删繁就简，当然这个"简"是有深刻内涵和深厚根基的。劫夫的创作为我们作出了范例。

作为音乐教育家、前东北音专校长、沈阳音乐学院院长，劫夫的功绩是不可磨灭的。他在自己的创作上走民族化的道路，在主持东北音专、沈阳音乐学院的工作中也是非常重视民族音乐教育的。学校专门设立民族音乐课，设立民族器乐专业，系统地讲授民歌戏曲，他要求作曲系的学生必须背会50首以上的民歌和系统地学习两个剧种以上的戏曲音乐，在创作上走深入生活、深入群众、深入民族民间的道路，这对沈阳音乐学院作曲系学生们的成长产生了深远影响，这种影响在秦咏诚、雷雨声、谷建芬、杨鸣、藏东升、傅庚辰等许多人的身上和作品里都显而易见。拿我来说，我作曲的电影《地道战》音乐之所以能写成，和我在学校时期系统地学习了河北梆子是分不开的。这种向民族民间学习的优良传统一直继承下来，沈阳音乐学院后来的教学在走这条道路，许多有成就的新一代作曲家得益于此。徐占海同志就曾向我谈起，他写歌剧《苍原》也是得益于学习了许多民歌和戏曲。

1968年，在一次劫夫和我的谈话中，他曾对我说："傅庚辰，当一个为人民服务的作曲者比当什么都强。"这句话是有深刻含义的。人民在劫夫的心中至高无上，终其一生他始终是一位人民的音乐家。

2001年10月14日，在全国群众歌曲创作研究会召开前夕，我去北京景山公园了解群众歌咏情况。我看到有上千人自发地聚集在一起放声歌唱，曲目多为过去年代流传下来的歌曲。当唱到《革命人永远是年轻》的时候，业余指挥说："我们每个礼拜到这里来年轻一回，星期一上班就更有精神了！"话音未落，响起一片掌声和欢呼声，紧接着"革命人永远是年轻，他好比大松树冬夏常青……"那充满青春力量的歌声响彻云天，我激动的心潮起伏澎湃，我想劫夫同志若身临其境，看到此情此景，当可感到安慰。因为他的歌声已经深深地印在了人民的心中。

我所认识和理解的孙犁

解力夫

从慕名到相识

我和孙犁相识较晚，那是日本宣布投降不久，他由延安重返冀中之后。当时《冀中导报》在河间，孙犁奉冀中区党委之命与报社住在一起，负责编辑《平原杂志》和《冀中导报》的文艺副刊。那时他可以说是"十分繁忙"。上半月，孙犁经常到各地体验生活，搞创作；下半月回报社编排稿件，发稿以后就又走了。《平原杂志》先后出了六期，他仿照鲁迅编杂志的方法，每期都要写较长的编后记。除了编刊物外，他还在河间第八中学教一个班的国文。他这样做，除了有意模仿"五四"以来某些城市作家的职业习惯外，"还有调剂生活的意味，跑跑路，接近接近冀中的新一代男女青年，比只是坐编辑室好"。

抗日战争的硝烟刚刚散去，解放战争的炮火就打响了。随着革命形势的发展，继孙犁以后，又有一批作家从延安和其他地区先后来到冀中。当时冀中还没有作协和文联之类的组织，冀中的和从延安等地来的作家只得住在报社，报社成了作家之家。他们中有长篇小说《腹地》的作者王林，有长篇小说《红旗谱》的作者梁斌，有长篇小说《大地》的作者秦兆阳，有长篇小说《三千里江山》的作者杨朔，有《挥手之间》的作者方纪，有长篇小说《新儿女英雄传》的作者孔厥、袁静，有长篇小说《功与罪》的女作家柳溪，还有著名文艺评论家萧殷、李湘洲和木刻家古元、李黑等。当时在《冀中导报》上先后发表了这些作家的不少作品，为报纸增色不少，成为《冀中导报》人才济济的黄金时代。

所有住在《冀中导报》的作家们，都给我留下了良好的印象，其中印象最深的要算孙犁了。在我认识他之前，就早已拜读过他的名篇《荷花淀》和《芦花荡》。这两篇小说最早发表在 1945 年 5 月的延安《解放日报》上，并在革命圣地引起轰动，为全国各个革命根据地报刊所转载。我是在晋察冀和冀中的报刊上读到它们的，其文字之美、艺术之高、寓意之深，给我这个爱好文学的青年留下了深刻的印象。

在解放战争年代，我曾多次随军穿越白洋淀。号称华北明珠的白洋淀，共由 140 余个淀组成，占地 40 多万亩，水道纵横交错，足有三四千条，是游击队理想的水上抗日根据地。古语说，燕赵多慷慨悲歌之士。在那炮火连天的抗日年代，白洋淀更具有一种悲壮的英雄色彩：这里地势低下，云雾很低，风声很急，淀水清澈。夜晚，日本兵从炮楼的小窗子里，呆望着这阴森黑暗的大苇塘，天空的星星也像浸在水里，而且像要滴落下来的样子。而这样的深夜，正是抗日健儿们打击敌人的最好时机。孙犁在《荷花淀》和《芦花荡》中所描写的英雄儿女，几乎都是真人真事，只是在作家笔下更典型化了。书中的人物个个栩栩如生，有血有肉，活灵活现，作为一个年轻记者，我是多么想拜孙犁为师，好好向他学习呀！

然而，在那紧张的战争年代，作为《冀中导报》和新华社冀中分社的记者，我也与作家们一样，多在外少在家，不是到农村深入生活，就是随军打仗采访，因此平时相互见面的机会很少。直到 1947 年春天，我才找到了一个和孙犁"深入交谈"的机会。那时我正在安国县采访，恰好孙犁路过这里，要到安新——白洋淀去。晚上，我和他同住在安国县委招待所；第二天我陪他参观了安国南关的药王庙，和他童年在安国城里就读的学校。

战火中成名的作家

安国旧称祁州，是有名的药材集散地，被人们称为"药都"。据传说，各路药材不到祁州就不灵，必须在祁州转手，再运往全国各地。因此，每年春冬庙会（药王庙），商贾云集，有川、广、云、贵和关外各帮。解放两年来，在人民政府"发展生产，繁荣经济"的号召和鼓励下，安国的药业得以恢复和发展，如今大街两旁都是店铺，熙熙攘攘，往来商旅络绎不绝。孙犁看到此情此景十分高兴，晚上和我谈了很久，谈到他参加革命前后的经历和从事文学事业的经过。

据孙犁说，1913 年他生于河北省安平县东辽城村，那是一个很偏僻的小村庄，滹沱河挟带着黄土高原的泥沙在这里顺流而过。孙犁 12 岁跟随父亲在安国县城内读高小，住在一个亲戚家里。安国县离他的家乡有 60 里，在这里他开始接触一批进步的文学作品，其中有鲁迅、叶圣陶、许地山的小说，并开始阅读当时商务印书馆出版的各种杂志。

14 岁，孙犁考入保定育德中学。这是一所在北方相当有名的私立中学，它以办过勤工俭学的留法准备班而出名，培养了不少人才。在初中读书期间，他开始在校刊《育德月刊》上发表作品，其中有短篇小说和独幕剧。在高中时，孙犁阅读了当时正在流行的社会科学著作和苏联十月革命后的文学作品，大多是鲁迅和曹靖华翻译的。这一时期，他对文艺理论发生了兴趣，读了不少这类著作，并开始撰写这方面的文章。

孙犁高中毕业后，无力升学。原来，父亲供他上中学是希望孙犁毕业后考邮政局，结果未能如愿。他在北平流浪，在图书馆读书，或在大学旁听课，余暇虽时常给报刊投稿，但很少被采用。为了生活，他先后在北平的市政机关和小学当过职员。1936 年暑假后，他经朋友介绍到河北省安新县同口镇高级小学教书，当六年级级主任和国文教员。在这所学校时，他从上海邮购革命的文艺书刊，继续进修，自学完了大学文科的全部课程，并初步了解到白洋淀一带人民群众的生活。

1937 年七七事变后，日本帝国主义发动了全面侵华战争，孙犁再没有去同口教书。这年秋天，滹沱河发了洪水；9 月下旬保定陷落。在孙犁的家乡东辽城，每天都可以看到从北面涉水过来的逃难人群，他们扶老携幼，和站在堤上的人们匆匆交谈几句，便急忙往南走去。"就要亡国了吗?"堤上的农民望着茫茫的河水，愤然发出悲叹。日本侵略者就这样把战争推进到孙犁的家乡，推进到滹沱河沿岸。

国家兴亡，匹夫有责。就在 1937 年冬天，孙犁毅然决然地参加了中国共产党领导的华北敌后抗战。他首先编写了《民族革命战争与戏剧》一书；接着选编一本《海燕之歌》的诗集，收集中外进步诗人的作品，在安平铅印出版；还撰写了《现实主义文学论》，发表在《红星》杂志第一期上。冀中的资深作家王林看了非常满意，把孙犁誉为"冀中的吉尔波丁"［吉尔波丁是苏联文学评论家，参加过国内战争，曾任联共（布）中央文学处处长］，并一再对人说："我们冀中真有人才呀!"

1938 年秋，孙犁调往冀中抗战学院当教员，专门讲授《抗战文艺》

和《中国近代革命史》。抗战学院设在冀中的腹地深县，是为吸收和培养抗日的知识分子队伍，经中共北方局批准而开办的，由杨秀峰任院长。杨秀峰是北平师范大学教授，教育界的名流，又是有着国民党身份的秘密共产党员，他任院长，有利于开展工作和团结、影响更多的抗日知识青年。

抗战学院是当时冀中规模最大、人数最多的最高革命学府。学校分民运学院和军政学院两部分，前者设在深县第十中学，后者设在深县城里一家地主的宅院里。学院于 7 月招生，8 月初开学，报考者的年龄和文化程度没有严格的限制，有二三十岁的大学生，有十六七岁的中学生，还有少数高小学生和开明士绅。学校过着严格的军事化生活，其任务是在短期内培养出抗日急需的军政干部。我们《冀中导报》的李伯宁，就是抗战学院结业后出任肃宁县县长的。

孙犁在抗战学院教书时，还为冀中火线剧社编写过一个话剧《鹰燕记》，描写了青年知识分子对抗战认识转变的过程，可惜剧本已经流失。但杨秀峰院长委托他写的抗战学院的校歌歌词，却靠人们的回忆保存下来了。这首校歌，像一团火焰燃烧着学生们的热血，像一把火炬照亮了学生们前进的方向。记得歌词是：

同学们，

莫忘记那火热的战场就在前方。

我们的弟兄们，正和敌人拼，奋勇不顾身。

记起那，大好的河山被敌人强占，

烧毁的房屋，荒芜的田园；

记起那，曾被鞭打的双肩，曾被奸污的衣衫。

前方在战斗，家乡在期望，

我们要加紧学习，努力锻炼，

把刀枪擦亮，叫智慧放光。

我们要在烈火里成长，

要掀起复仇的巨浪！

我们要在烈火里成长，

要掀起复仇的巨浪！

1938 年武汉失守以后，日军将进攻的重点转向中国共产党领导的敌后各抗日根据地。这年冬天，敌人从四面八方蚕食冀中，占领了大部分县城，形势日趋严峻。抗战学院第二期学员提前结业，分散活动，孙犁也奉命调往晋察冀和延安，从事报刊编辑和教学工作。在延安鲁艺学院工作期间，孙犁创作并发表了《荷花淀》《芦花荡》和《麦收》等作品，并从此成为"荷花淀派"的代表人物。

重返白洋淀后的文学创作

日本投降后，孙犁重返冀中，除了编辑刊物外，又积极参加了土地改革和生产互助合作运动，先后写出了《钟》《碑》《嘱咐》等短篇小说及一些散文，颇受读者欢迎。他这次重访白洋淀，主要是看望乡亲们和他当年教过的学生们。经过深入采访，当年的《冀中导报》连续发表了他的《渔民生活》《织席记》《一别十年同口镇》等作品。回到报社，孙犁感慨地对我们说："这次到白洋淀，一别十年的旧游之地，给我很多兴奋、很多感触。想到十年战争的时间不算不长，但是这里人民的精神面貌和他们的政治、经济生活发生了翻天覆地的变化。"

孙犁利用过去的关系访问了几个家庭。他在同口教书时，那些穷苦的孩子们，那些衣衫破烂羞于见老师的孩子们，很多还在火线上。他们的父母热情真挚地向孙犁诉说了这十年同口镇的经历，并告知他们的孩子如今都是二十几岁的人了，有的当了营长，有的当了教导员，家长们感激孙犁对孩子们的教育。如今，他们的父兄代替了那些绅士地主，负责村里的工作，虽然工作上有许多难题，可是他们在党的领导下，却具备无限的勇气和信心。

特别是经过土地改革之后，贫苦农民分得了房屋，分得了土地，生产积极性大为提高，不仅逐步弥合了战争创伤，而且较战前还获得了发展，白洋淀到处呈现一片欣欣向荣的繁忙景象。孙犁深有感触地说："真是战争教育了人民，人民赢得了战争，待我们打败蒋介石，推倒'三座大山'之后，我们的国家会发生更大的变化！"

形势的发展正像孙犁所预计的那样，1948 年国共两党的力量发生了根本的变化，两种命运的大决战开始了。继辽沈和淮海两大战役打响后，平津战役也开始了。作为《冀中导报》和新华社的记者，我星夜赶赴平津前线。正当平津战役紧张进行时，处在后方的《冀中导报》编辑部奉中共中央华北局之命，一分为二，一部留在冀中继续办《河北日报》，另一部由原《冀中导报》社长、时任《晋察冀日报》总编辑的王亢之率领前往天津创办《天津日报》，孙犁也在其中。他到天津后主要负责《天津日报》的《文艺周刊》，在编稿之余还抽暇创作出版了以抗战初期冀中农村为题材的长篇小说《风云初记》。

《风云初记》是孙犁的又一部长篇力作，全书约 30 万字，以冀中平原五龙堂为背景，通过抗日战争第一年发生在这里的故事，集中地反映了抗日战争初期的风云变幻。小说不以情节曲折见长，却以极省俭的笔墨，抒发了浓郁的爱国情怀，引人入胜。冀中的老战友们都为此书的出版而高兴，并称这是孙犁文学创作道路上的又一丰碑。

孙犁在进行文学创作的同时，还通过《文艺周刊》培养了一批年轻的作家，人们经常提到的有刘绍棠、从维熙、房树民、韩映山等人。他们在给《文艺周刊》投稿的时候，都还是中学生，如刘绍棠，他在该刊发表作品时才只有 15 岁。后来许多人称为"荷花淀派"的那个作家群体，主要就是以这些人为基础的。

正因为《文艺周刊》在扶植文学新苗、培养青年作家方面尽了心力，取得了世人公认的成绩，这些作家在许多年之后，也一直感念着它的主持者的劳绩。作家刘绍棠在《忆旧与远望》一文中写道："对于《天津日报》的远见卓识，扶植文学创作的热情和决心，栽培文学新人的智力投资，我是非常钦佩和感念不忘的。孙犁同志把《文艺周刊》比喻为苗圃，我也是从这片苗圃中成长起来的。饮水思源，我多次写过，我的创作道路是从天津走向全国的。"

"作家永远是现实生活真美善的卫道士"

原在《冀中导报》的一些老朋友们注意到，孙犁在完成长篇小说《风云初记》后很久，由于体弱多病，特别是"文化大革命"对他的严重摧残，再也没有写出有影响的作品。1971 年春天，我随新华社国外记者参观团到天津时，特意到孙犁寓所看望。多年不见，他虽显得苍老多了，但文思敏捷，眼睛仍炯炯有神。在我到他家时，他正在书房整理、修补自己的图书。他说："落实政策了，当年抄走的书又给送回来了，但多已破损，不少好书也遗失了。"许多老朋友都知道孙犁有爱书的嗜好，他不仅是当代读书最多的作家之一，也是一位爱书如命的作家。他曾自作一则"书箴"写道：

"淡泊晚年，无竞无争。抱残守阙，以安以宁。唯对于书，不能忘情。我之于书，爱护备至：污者净之，折者平之，阅前沐手，阅后安置。温公惜书，不过如斯。

"勿作书蠹，勿作书痴。勿拘泥之，勿尽信之。天道多变，有阴有晴。登山涉水，遇雨遇风。物有聚散，时损时增。不以为累，是高水平。"

至于他为书包上书皮，并在上面作些题识、杂录、随感等，更为远近读者赞为一绝。

谈到"文化大革命"时期的抄家和批斗，孙犁极为痛苦地说："我无论如何也不能理解毛主席为什么发动这场'文化大革命'？读者知道，特别是冀中的老朋友们更清楚，我的作品几乎全部都是写共产党领导人民进行抗日战争和翻身求解放的，怎么过去被群众认为的香花，在'文革'中却变成了毒草呢？我百思不得其解！"

"我们这一代作家，经历的也是一个特殊的历史阶段。"孙犁说，"我的创作，从抗日战争开始，是我个人对这一伟大时代、神圣战争所作的真实记录。其中也反映了我的思想，我的感情，我的前进脚步，我的悲欢离合。怎么过去正确的东西在'文革'中却要遭鞭打和批判呢？"

冀中的老朋友们对孙犁的为人十分了解，他是一个正直的人，热爱自己的国家、自己的民族，从来没有做过有损于党和人民利益的事情。在作家的创作道路上，孙犁一贯坚持深入实际，坚持走群众路线。他说："文艺的自然土壤只能是人民的现实生活和斗争，根植于这种土壤，文艺才能有饱满的生机。使它离开这个土壤，即便插进多么华贵的瓶子里，对它也只能是伤害。"

谈到作家的职责，孙犁在《文学生涯》一文中强调："作家永远是现实生活真美善的卫道士""作家的品质决定作家的风格""作家的职责就是向邪恶虚伪的势力进行战斗。既是战斗，就可能遇到各色敌人，也可能遇到各种的牺牲"……这就是作家孙犁的世界观和创作观。

风雨八十年　艰辛文学路

———

端木蕻良

1912 年中秋那天，我出生在今辽宁省昌图县鹭树村，当时属于科尔沁旗，蒙古一片辽阔的土地。

我们曹家曾是草原上的一个大族，我父亲的家业并不大，因为祖父不喜欢他以致他承受很少。曾祖父一死，他就被赶出来，自立门户。曾祖父打过"黄带子"（清皇室宗族），祖父踢过县太爷的供桌，这些都是他引以为荣的家族历史。他喜欢出远门，尤其是南方，这有利于接受维新思想。他同情太平天国，后来接受孙中山的思想。父亲常从商务印书馆邮汇买书，还看上海的《申报》《泰晤士报》，这在当时的关外是很少见的。我小时常常溜进他的藏书室，翻看五花八门的书报，还见到太平天国的布告和他们编的《千字文》《三字经》，也有孙中山同盟会的彩色石印宣传画等。父亲喜欢讲徐文长、纪晓岚、蒲松龄、王尔烈等人的故事。他教我们打谜语、对对子，引起我对文字形式运用的兴趣。

我母亲家姓黄，满族，是曹家的佃农，母亲是被父亲抢亲成婚的。父亲的原配是大地主王家的姑娘，母亲初进曹家并没有地位，直到生了我们四个儿子，处境才好些，但从未被允许回娘家看望一次。母亲常将她的身世和在曹家的不幸讲给我这个最小的儿子听，嘱咐我长大了把它们写出来。

我的家乡在19世纪中叶有过一段繁荣时期。太平天国以前的昌图县城就修建了三层楼的聚兴昌茶庄，还有芝兰斋糕点铺、天宝楼首饰店、天一堂药铺，都借用了北京的招牌。百货店则写着"自运两广杂货，宁杭绸缎"等。可惜这种繁荣并未维持多久。太平天国失败后，外洋货物打进来，民族商业资本多半转为买办资本，刚刚兴起的手工作坊纷纷垮台。这种历史变化后来对我认识社会是极有帮助的。

1923年，11岁的我随着几个哥哥到了天津，并考入了天津汇文中学，这是一所美国人办的教会学校，校长名叫伊文思。学校专门请一位老先生讲《孟子》，而我在故乡上学时读的是"共和国教科书"，所以对此很反感。勉强读了一年，因直奉战争，家境愈加困难，便只好和三哥返回昌图。

在天津这一年，我接触了"五四"时代新文学。当时我大哥、二哥都在南开中学读书，我们在校外附近租房住下，这样除了上课，我的大部分时间都在南开中学活动。南开的校风是比较开放的，经常请些名人来演讲，我记得听过梁启超先生演说。中学里还有学生剧团，演出过《一元钱》《新村正》等话剧（当时叫文明戏）。学校也常放映中外电影。南开学生还有一个好风气，就是爱买书。我那时常读鲁迅的作品，喜欢他那种对人生的态度和对封建社会的抨击。对"文学研究会"的茅盾、叶绍钧、郑振铎等人的书，也很爱读，服膺"为人生而艺术"的口号。对诗，则读郭沫若的作品，当时能把《女神》全部背下来。

当时天津报刊也很多，我常读的有《晨报》副刊，《语丝》《创造》《奔流》《小说月报》也经常阅读。从书报上又接触到欧洲"文艺复兴"

时期的绘画、雕塑艺术等，很有触动。总之，在天津这一年使我眼界大开，对我一生的影响都是很大的。我的眼界看到天津以外。

自天津回到昌图后，我不再想读当地的学校，在家里今天写写这个，明天写写那个，用笔打发日子。

我开始对家乡的经济、政治、文化及各阶层人的心态等做些了解。那时我才十几岁，正是求知欲和感受力最强的时候，这些社会调查和生活体验，都为我后来的创作提供了好处。我最早写的小说取名《真龙外传》，是写一个耳朵不灵的长工的遭遇。从题目上可以看出是受了《阿Q正传》的影响。二哥曹汉奇经常把天津、上海出的新书寄来，使我能读到鲁迅的《呐喊》和其他作家的作品。

1927年，县中学来了一位教务长叫张东川。他思想进步，在教室里挂出了他画的马克思、恩格斯像和写的小传。我因和他很谈得来，便在县立中学念了一年书。父亲病逝后，二哥又要我回天津，复习了一段时间功课，便考上了南开中学初三三班，这是1928年的事。

经过1927年的大革命和北伐战争，天津变化很大。当时天津自己的报刊已在国内占有很重要的地位，有《大公报》《益世报》《庸报》等。上海的书报也大量涌入，用现在的话说，是充满了信息量。而我们语文教师的思想都很开放和进步，还在报刊发表作品，这对推动我们学生进行创作是很有利的。张伯苓校长在校内实行普选制，我被师生推选为南开校刊的主编。校刊原来只刊登学校的布告、行政条文。我接手后，在编委会支持下，把它改为师生的创作园地，更名《南开双周》（半月刊），封面由原来的蓝白二色（代表南开校色）变成每期更换的彩色封面。在校刊上我发表过《人生的探索》《生命解放与青年联艺会》《立体的人生》《法国达达主义文学》等文章。

《南开双周》虽然为同学们开辟了一个自己的园地，但它毕竟是校刊，我们还是不满足。1930 年冬，我和胡适的侄子胡思猷及刘克夷、冯厚生等同学成立了"新人社"，创办《人间》小型文学刊物（后改名《新人》）。我发表了小说《水生》和《力的文学宣言》等文章。南开的学风是很活泼的，课外组织和活动很多，我还当过学校美术学会会长、学术观摩会会长、合作社理事、"南开义塾"校长等职。

"九一八"事变期间，南开中学开展了抗日运动。针对汉奸石友三的便衣队常来学校捣乱，我们原来组织了"刻苦团"，这时改名"抗日救国团"，并组织了"护校团"。我和唐风都、张敬载等筹备新的学生会，举行罢课，赶走训育长，轰跑国民党派来威胁我们复课的人。不久，校方迫于当局的压力，将我秘密除名。我只得离开天津到北平。

在北平，由于受高尔基《我的大学》和陈贤祥《新教育大纲》的影响，我一心要走向社会，在"社会大学"里完成"学业"。我和陶行知先生的长子陶宏同住，他无师自通地埋头翻译文稿，我则跑图书馆写诗和小说。

1932 年初，我冒险回到日伪统治下的东北老家，把重病的母亲接出来。在家乡听到不少义勇军抗日的事迹，回来后写了一篇报道登在报上。已在中国大学读书的三哥，曾和几位同学去山东找冯玉祥将军，要求参军抗日。冯玉祥要他们就地投入西北军。正好在绥远抗日的孙殿英部队招纳学生军，我便与他们一起去了。我随部队在伊克昭盟和卓索图盟巡行了很久，从东栅子跑到西窑子，从独石口跑到龙关，终日生活在马背上。参加热河抗日的士兵很英勇，生活也异常艰苦，送到手里的饭冻成冰，只能用刺刀劈着吃。后来，孙殿英要率部西行，去参与军阀混战，我便乘孙要我写他的部队史（实际是为他立传）的机会，以回北平收集资料为由，于 1932 年夏回到北平。

我当时就不想上大学。我先后受到马克·吐温和杰克·伦敦的吸引和高尔基《我的大学》的影响。所以，当反动统治者把我打入地下，使我成了一个"流亡者"时，倒使我如愿以偿了。那本题名《新教育大纲》的书，更为我反对学院派教育提供了理论根据。那时，我和一批青年朋友一样充满许多乐观的想法。我想当水手，想当记者，想当工人……总之，只求生活经历广阔就行，目的是想使自己将来创作的视野更加宽泛、更加深远。

从热河回到北平，我住在当时北京大学红楼对面的公寓。在那里我结识了北平左联（正式名称是"左翼作家联盟北平分部"）的陆万美、臧运远等，经他们介绍，我于1932年5月加入了北平左联。

我的几个哥哥一直希望我能完成学业，受到系统的知识教育。二哥曹汉奇在南开中学和大学期间都是品学兼优的高才生，是老校长张伯苓的得意门生，曾任大学学生会主席，毕业后留校任教。二哥特别关心我的学业，为使我考学，他激我说："你不想考大学是怕考不取！"这话确实伤了我的自尊心。1932年暑假，我赌气用功考学，结果，燕京大学生物系和清华大学历史系都有意录取我。为了有个"合法"的身份，便于开展左联的工作，我进了清华园。这期间我写了《乡愁》《母亲》等小说，并成为清华校刊的一名编委。

1933年，蒋孝先率宪兵第二团进驻北平，城里的"白色恐怖"顿时严重起来。北平左联和其他进步团体的活动却愈加活跃，上半年就有《冰流》《文学杂志》等十几家进步刊物相继问世。我和臧运远、方殷、江篱、韩宝善、俞竹舟等人编辑的《科学新闻》也于6月24日正式出版。我在清华大学设了一个"辛人"通讯处（信箱）收集国内外的信息，并以"辛人"名义向上海的鲁迅先生邮寄北方的左翼刊物。

北平左联常委有过多次改组，1933年上半年又组成新的常委会，徐突微负责组织部，陆万美负责研究部，我负责出版部。8月4日，北平文总和左联、社联等团体派代表在艺术学院秘密开会，研究筹备欢迎反战大会国际代表来北平视察事宜，徐突微及与会代表却遭当局逮捕。我获知情况后于次日避居天津，由于左联组织遭到严重破坏，活动中断，我便留在天津，并住在南开昆裕里的二哥家中。由于我认识不少南开学生，不便出门，思想上很苦闷。我想起离开清华时，遇到同学陈松泠，他告诉我看到"辛人"信箱旁边（因为信箱已被装满）有一封鲁迅先生给我的信，当时因情况紧急不能去取，便用"叶之琳"的化名给鲁迅先生写信，询问他给《科学新闻》来信的内容。先生很快回了信，他说《科学新闻》第三号上登出茅盾被捕一事是误传，是上海《微言》这个专门造谣的刊物放出的消息，希望在北方更正一下，以正视听。我便引用鲁迅原话写了篇短文，用"隼"的化名投给《益世报》马彦祥编的副刊《语林》。

当时我正陷入无望的状态，及至收到鲁迅先生的信，我突然像看见多少年失去了音信的亲人一样，涌出一股激情。那一天，我找出纸笔，开始写下《科尔沁旗草原》的第一页。

我生长在科尔沁旗草原上，草原的血液总在我血管里流动着。正是由于曾经离开过家乡，又重新回到家乡，对家乡才看得更真切。我试着从生产关系，以及物质的占有与分配方面，来看待在这片大草原上所反映出的许多人和事。《科尔沁旗草原》写的是我父亲那一族的家事，人物和故事都有真人真事做底子，所以写来如在眼前。这并不是我的初衷，而是为了把小说赶快完成的缘故。有了真人真事做底子，容易计划，容易统一，不致张冠李戴，行文方便。但有时也会将真事和故事纠缠在一起。

《科尔沁旗草原》共 30 余万字，用了四个月时间写完。那时我不能控制自己地写着，我对二哥说："我自己都听见了我自己脑子的鳞屑一片一片下落的声音。"

这部长篇本是想一口气写出来寄给鲁迅先生的。写作中，我的同学刘克夷从燕京大学来看我。他告诉我，鲁迅先生已被通缉，稿件邮去可能收不到，反而会落到检查者手中。正好郑振铎（西谛）先生已来燕京教书，不如先寄给他。这样我抄写几章便邮几章，当时虽与西谛先生素昧平生不曾见过面，他却是第一个通览《科尔沁旗草原》全篇的人，而我直到出版才读到书的全文。

12 月中旬，西谛先生收齐全部稿件，给我写来一封信。他说："你的原稿已经全部收到了！当你的最后一大卷稿件送到时，我是如何的高兴啊！这将是中国十几年来最长的一部小说，且在质上也极好。我必尽力设法，使之出版！""这样的大著作，实在是使我喜而不寐的！对话方面，尤为自然而漂亮，人物的描述也极深刻。近来提倡大众语，这部小说里的人物所说的话，才是真正的大众语呢！"他要我立刻动手写第二部，可是写完第一部，我身体累垮了。放松了一个冬天，1934 年夏天我到北平与母亲同住、养病。1935 年中，我又以自身经历，写了反映天津学生运动的 25 万字长篇《集体的咆哮》。当时因遗失一部分章节，未能及时出版，后来也全部丢失了。"一二·九"运动中，我于 15 日住在燕京大学，第二天加入燕京大学队伍，参加了"一二·一六"北平学生抗日爱国大游行。事后，为免遭当局搜捕，我来到上海。

1936 年初，便给鲁迅先生写信请求与病中的他见面。我虽然仍用"叶之琳"这个化名，但未提及 20 世纪 30 年代在北平左联与他联系的事，只说了些仰慕之情，结果失去了见面机会。这样，我又潜心赶写第三部长篇《大地的海》。又用了四个月，到 6 月 18 日高尔基逝世这天完成。《大地的海》一写完，我真想立即抱着它去见鲁迅先生，但先生日益沉重的疾病又使我犹豫不决。

我猜想《作家》杂志和鲁迅关系较深，便把书稿寄给了《作家》，心想他们会把稿件转给鲁迅的。谁知很快就收到退稿，而我在其中故意倒置的一页仍然倒置着，说明他们连翻也没翻过，更不用说请鲁迅先生过一下目了。我便以"曹坪"的名字给鲁迅写信，并附寄了两章《大地的海》的原稿。万没料到，鲁迅先生在收到信和稿的第二天即回信要我把书稿尽快寄给他。很快又来信肯定了《大地的海》，并说长篇出版周期长，可先写些短篇给他，好改变我的处境。我把刚写完的《爷爷为什么不吃高粱米粥》寄给了他。10月18日我看到这个短篇发表在《作家》上，可是19日鲁迅先生竟与世长辞了……

10月22日，我参加了鲁迅先生追悼大会。可以想象我当时内心的痛苦和懊悔。如果我真的"狂妄"些，原本是可以和先生见面的。在刚刚可以直接向先生聆取教益的时候，一颗伟大的心脏却停止了跳动。这个打击，对我是无法形容的。我曾五次默立在鲁迅先生遗体前，注视他慈祥的面容，觉得他还活着，只是眼睛闭着，像是谈话多了，要休息一下。我总觉得不妨再等一下，先生会开口的，我有许多话要和他说呢，先生是活着的……

当时，我对上海文艺界还是陌生的。西谛先生回上海，我便常去看他。他也劝我先发些短篇。我到上海的第一个短篇《鹭湖的忧郁》就是他转交《文学》月刊的王统照先生发表的。王统照在刊物后记中介绍说："就描写的特别手法，与新鲜风格上论，《鹭湖的忧郁》一篇很值得我们多看几遍。"有人问，为什么我在上海写的第一篇小说是《鹭湖的忧郁》？原因很简单，鹭湖是我出生的地方，我的文学之路自然应当从这片土地开始。《文学》又陆续发表了我的《遥远的风沙》《浑河的激流》。同时《中流》《文丛》《大众生活》《作家》等刊物也纷纷向我约稿。

鲁迅先生逝世后，胡风阅读了保存在鲁迅那里的《大地的海》，积极向出版社推荐。同时王统照在《文学》9卷1期开始连载。《大地的海》是记叙我母亲那一族的故事，是我对土地的爱情自白。写《大地的海》的时候，我的东北故乡的人民已陷入双重的奴隶境地。我愿用文字写出他们的呼声、行进的脚步。当我写出那些大地之子真实的身影时，我的心伏着悸痛和期待，期待故乡重现蔚蓝可爱的天空。

鲁迅先生逝世后，茅盾先生肩负起鲁迅未竟的事业，他以"日曜会"的形式，聚集了一批青年作家。那时每逢星期一，我们便在"新雅"酒店聚餐，互相交换所见所闻，受到茅盾先生的指导和教益。当时经常参加的有我、王统照、张天翼、沙汀、艾芜、蒋牧良、舒群、罗烽等。

巴金先生主持的"文化生活"出版社写信约我出短篇小说集，我的第一个短篇小说集《憎恨》由此应运而生。王统照几次说及小说集应用《鹭湖的忧郁》来命名，但我坚持用《憎恨》，因为它们和《科尔沁旗草原》一样表现出对"恶"的憎恨和对"善"的期待。

《大地的海》写完后，我着手写第四部长篇《在瑰春》。1936年6月，我给鲁迅先生写信，曾提到要写东北义勇军的长篇《牧笛之歌》。但随着形势变化，东北抗日已由自发的义勇军发展到共产党组织的东北抗日联军，这样我就写抗联的故事《在瑰春》。胡风知道后，要求在他的《工作与学习》创刊号上先发表一些章节，于是我把自成段落的部分算作中篇，取名《突击》拿去发表了。

淞沪抗战爆发，上海陷入战火，杂志报纸纷纷停刊。茅盾先生为有一个为抗战呐喊的舆论阵地，约巴金、王统照、黎烈文、黄源、胡风等人，将《文学》《中流》《文丛》《译文》四家杂志合组，由他主编，出版《呐喊》周刊（后改名《烽火》）。我发表了《青岛之夜》和《中国的命运——兼答日本室伏高信》。"八一三"期间，由于日机轰炸，引起闸北大火，商务印书馆和华美印刷所等出版企业烧得极惨。这时我并不知道，我的第一部长篇《科尔沁旗草原》，经茅盾先生介绍给开明书店，正在华美印刷所排版，是徐调孚先生跑进火场抢出了它。当我在茅盾家里看到它时，心情真是难以诉说。我把书稿留在了茅盾先生家里。而夏研尊、叶圣陶先生答应一有机会就重新安排出版。那时我不过是个25岁的青年，正是这些前辈们，以他们的光和热，细心维护了我的作品。

"八一三"上海抗战后，胡风约我和萧红、萧军、曹白等人创办了《七月》杂志。不久，文艺工作者纷纷离沪，分赴武汉、长沙、广州等地开辟新的阵地。胡风他们把《七月》迁到武汉准备重新创刊，写信催我前去。我在浙江新昌蒿坝小镇短期逗留养病后，于10月中去了武汉。

在武汉，我应萧军、萧红之邀，与他们同住在诗人蒋锡金的武昌水陆前街小金龙巷21号。通过办刊，又结识了彭柏山、艾青、田间、聂绀弩等人，大家写抗敌文章，相处很好。从1937年10月到年底，我在《七月》发表了《哀鲁迅先生一年》《记孙殿英》《记一二·九》《寄战争中成长的文艺火枪手们》《八一三抗战的特质》《文学的宽度、深度与强度》等文章。

抗战初期，东北、平津、上海、南京等地相继沦陷，这些地区的作家、文艺工作者大批聚集武汉三镇。山东、陕西、河南等地的作家文人也纷纷投身到武汉这个抗战中心，加上当地作家，武汉一时成了作家、艺术家集中地。如何把文艺界各方面的力量组织成抗日文艺大军就提到了日程上来。1938年1月1日，"中华全国戏剧界抗敌协会"在汉口成立。不久，阳翰笙召集我和穆木天、冯乃超、马彦祥、聂绀弩、王平陵等人商议"全国文艺界抗敌协会"筹建工作。会上有人主张由武汉三个文艺团体作为发起单位，聂绀弩和我认为三个地区性团体缺乏代表性，主张由作家共同发起。后来几经开会，最终决定由 97 位作家个人签名作为共同发起人，增加了号召力。

协会筹组期间，原来北平左联的好友臧运远受李公朴之托，前来武汉召集作家去临汾民族革命大学任教。我便替他约了艾青、田间、萧红、萧军、聂绀弩等一起去了临汾。我们 1 月 27 日离开武汉，2 月 6 日到达临汾。在这里我们与丁玲的西北战地服务团会合，这样又结识了塞克、戈茅、陈明等服务团成员。大家见面都很兴奋，每天谈得很晚。2 月 25 日，面对日军进攻临汾的险恶局面，民族革命大学师生往晋西南撤退，我和萧红、塞克、田间等人则随丁玲的西北战地服务团南下运城。在火车上，丁玲提议编一个抗战剧，由她的服务团到西安演出，于是塞克执笔，大家补充，话剧《突击》便这么诞生了。从运城到西安后，我们住在八路军办事处七贤庄，与战士们一起吃住。《突击》的公演在西安引起轰动，周恩来副主席接见了我们。

4 月中，我和萧红、艾青等回到武汉。5 月初，我和萧红在汉口大同酒家结婚。进入 6 月，文艺界为"保卫大武汉"而行动起来。不久战局变化，中国军队退守武汉，文化界人士又向四方疏散，我和萧红先后来到重庆。

重庆人口原本密度就很大，下江人一来，住房紧张超出人的想象。我虽然先走一步，仍找不到住房，只好暂住在复旦大学文摘社苍坪街的门市部。当时正值"九一八"七周年的日子，来回奔波于歌乐山和北碚，望着嘉陵江低落的江水，听着《流亡三部曲》，不可抑止的思乡情绪搅痛着我的心，我写下了《嘉陵江上》，中学同学方殷拿给贺绿汀谱曲，这歌由此传唱开来。

当时，我在复旦大学新闻系开课，并为文摘社创编了《文摘副刊》。

我和萧红都积累了很多素材，时间很是紧迫，无法预料战火什么时候就会烧到重庆。1939年2月，我开始写抗日战争长篇《大江》，并在戴望舒主持的香港《星岛日报》副刊《星座》上连载。"大江"二字是萧红所题。萧红在家养病写作。歌乐山上有座保育院，院长是王昆仑的夫人曹孟君，所收孩子多是武汉一带过来的儿童。萧红在写作之余常去看望孩子，围绕保育院的题材，萧红写了《林小二》等短篇，我则写了长篇《新都花絮》。5月间，萧红的《旷野的呼喊》也发表在《星岛日报》上。

6月，我们下山，住到复旦大学北碚黄桷树苗圃。在这里，萧红应南洋洪丝丝函约，写了回忆鲁迅先生的系列文章，后来结集取名《回忆鲁迅先生》，交生活书店出版。

9月10日，由胡风、陈子展发起，魏猛克、王洁之筹备的"中华全国文艺界抗敌协会北碚联谊会"在黄桷树王家花园成立。我和萧红、胡风、胡绍轩、靳以等17人参加成立会。11月我写完了《大江》。12月，上海杂志公司出版了我另一部短篇小说集《风陵渡》。

自1939年5月以来，日军飞机对重庆实施连续性大轰炸。萧红的《放火者》记下了日机轰炸的暴行和造成的惨状。几个月日机日夜不停地空袭，使萧红得不到休息，精神整天处于紧张状态，体力日渐不支。当时巴金、夏衍、艾青、陶行知、胡愈之等很多人已去了桂林，我也主张去桂林，但萧红认为战局的发展，桂林也将在空袭之中，主张去香港。正好孙寒冰曾约我为香港大时代书局编《大时代文艺》丛书，事前与华岗等商量，他们也赞成去香港。1940年1月，我和萧红飞到了香港。

在香港的两年里，我们基本都住在大时代书局的乐道8号。大时代书店是复旦文摘社在香港的代理机构。《大时代文艺》丛书先后出了楼适夷、戴望舒、冯亦代、叶灵凤的译著集，并出了《萧红散文》和我的《江南风景》。5 月，《新都花絮》由重庆知识出版社出版，不久即遭当局查禁（后在香港《大公报》上连载）。

我们到香港后，和叶君健、林焕平等人被选为抗战文协香港分会第二届候补理事。1941 年，我和茅盾、胡风、杨刚等人当选为第三届理事，与杨刚、茅盾等人负责研究部。萧红因肺病在家致力创作，先后写出了《马伯乐》和《呼兰河传》。

1941 年初，美国进步女作家史沫特莱由内地新四军辗转来到香港准备回美。20 世纪 30 年代经鲁迅介绍，萧红与史氏相识。史氏到港后即来家探望，她把萧红接去两人同住，萧红正在续写《马伯乐》。与史氏交谈中，她分析抗战与第二次世界大战的局势，预见太平洋战争爆发的可能性，考虑萧红身体状况，力主我们迁往新加坡，并约了在新加坡的接头人在港与我们商议赴新事宜。1941 年初前后，应周鲸文之约我写了《科尔沁前史》，同时开始写长篇《大时代》。这时，经胡愈之介绍，由时代批评社的周鲸文出资，我们筹办了《时代文学》。

6 月 1 日，我主编的《时代文学》创刊。这是个标明以"荟萃全国作家心血，反映大时代的全貌，并介绍欧美文学的动向"为宗旨的刊物，先后发表过茅盾、柳亚子、巴人、许广平、曹靖华、夏衍、胡绳、华岗、刘白羽、臧克家、戈宝权、史沫特莱、萧红、孙瑜等人的稿件。当时编稿由我一人负责，仅有袁大顿做我的助理，工作是繁重而又紧张的。

12 月 7 日，袁大顿回东莞结婚，谁知第二天突然爆发了太平洋战争。我和萧红原想去东莞袁大顿家中，但日军很快从东莞方向进逼九龙。萧红在日夜的轰炸声中完全躺倒了。我在于毅夫、周鲸文等友人帮助下，几经周折，把萧红抬进思豪酒店，住进了张学良弟弟张学铭长期包租的房间。25 日香港失陷，日军施行极其野蛮的法西斯占领。社会生活秩序全部打乱，港币、美元停止使用，医院被封，店铺纷纷关门。在这兵荒马乱中，萧红躺在床上离不开人，原来请的女佣早已离去了，而我又要外出联系，找医跑药。因此在骆宾基打电话来与我话别时，我请他留下帮忙。骆来港时，是我安排他在时代批评社住下，并在《时代文学》上停发了我的《大时代》以转发他的《人与土地》，以便他有稿费维持生活，因此我请他留下，他就答应了。萧红先后被转送了几家医院，由于日军的军管和缺医少药，最后病逝在圣士提友女校的临时救护站里。当时环境恶劣到连哭的时间都没有，日军要求港人尸首必须集体火化或裸尸葬埋到某一规定地点。为了让萧红的遗体得以单独火化以保住骨灰，我冒险争取到负责处理港岛地区殡葬事务的马超栋先生的帮助。1 月 25 日和 26 日，我把萧红的骨灰分葬在浅水湾和圣士提友女校后土坡上。不久，在于毅夫事先的安排下，由王福时陪同离港返回内地。回程中，我将萧红的死讯致函许广平先生，托她代请内山完造设法保护萧红在港的墓地。

1942 年 3 月，我到达桂林。在那里居住的两年多时间里，发表了《早春》《雕鄂堡》《初吻》《红灯》等短篇和《红楼梦》《红拂传》《龙女传》等剧本。两部长篇《科尔沁旗草原》第二部和《几号门牌》都因时局变化没有完成。

抗战胜利后，我由重庆回武汉。10 月初，受邵荃麟委托，接任葛琴主持的《大刚报》副刊《大江》。1947 年 4 月发表以闻一多为原型的电影剧本《紫荆花开的时候》。秋天应胡然之约去长沙水陆洲音专任学科系主任兼教授。1948 年春到上海。在著名学者杜国庠支持下，与石啸冲、曹汉奇、张慕辛创办了《求是》月刊，5 月 16 日出创刊号。10 月，因局势恶化，转道广州赴香港。1949 年 8 月，与方成、单复等人乘船到天津，10 月 1 日参加了中华人民共和国诞生的天安门庆典。

1950 年以来，参加北京郊区土改。在北京市文联担任创作部副部长、出版部副部长、副秘书长等职，编辑《北京文学》，作品有短篇、散文、评论等。1954 年从批判《武训传》起，即被打入另册。1957 年因胡风问题受审未能参加萧红墓迁移广州活动。1958 年我编辑的石钢厂史《钢铁的凯歌》出版。

1960 年与昆明军区国防文工团的编导钟耀群结婚，但一直两地生活。1963 年初去云南边疆采风突患脑血栓，以后休病多年。"文革"中与老舍等人一起挨斗，又被送到南苑劳动。在我几次报病危后，钟耀群才被同意调回北京。

1977 年 1 月，我的散文《迎春曲》登在《北京文艺》一月号上，这是 1966 年以来我的第一篇作品发表。从此在耀群护理下，不断有散文、回忆、诗歌、文论发表，有几年都在七八十篇，真是又恢复了青春！1982 年以来，又发表了《曹雪芹》上中两卷。由于脑心病不断发作，三卷的进度明显放慢了。作为一个作家，他只有权利向社会、向人民提供高尚的精神食粮，可惜我做得太少太少，质，也远远不够……

（曹革成 代笔）

"我的儿童文学之路"

——访任溶溶先生

潘飞 整理

记者：请谈谈您是如何与儿童文学事业结缘的。

任溶溶：我做起儿童文学工作是件很偶然的事。1945 年，我从上海大夏大学毕业后，开始翻译美国文学作品。这时有一个在上海儿童书局编《儿童故事》杂志的同学知道我搞翻译，就向我要稿子。我于是去外文书店找外国儿童读物看，包括迪斯尼出的书，我觉得里面的插图画得太美了，于是就买回来，陆续翻译，越译越觉得有意思。我翻译的第一篇儿童文学作品是土耳其 Sadri Ertem 写的儿童小说《黏土做成的炸肉片》，刊登在 1946 年 1 月 1 日出版的《新文学》杂志创刊号上。

1947 年起，我真正开始做儿童文学翻译工作了。那时在上海有一个我们地下党办的"时代出版社"，专门出版苏联作品。社长姜椿芳先生知道我曾经跟草婴学过俄文，就要我翻译俄文书。由于从少年时期起我就喜爱苏联文学，打算翻译苏联儿童文学作品，出版社很支持，前后一共出版了十几本书，包括马雅可夫斯基和马尔夏克的儿童诗、阿·托尔斯泰的《俄罗斯民间故事》、伊林娜的《古丽雅的道路》、科诺诺夫的《列宁的故事》等。因此，我能够走上儿童文学翻译这条道路，首先要感谢时代出版社的姜椿芳、倪海曙等同志。

记者：1949 年中华人民共和国成立后到"文革"前，您主要从事苏联儿童文学的介绍和翻译工作。能否介绍一下这期间的情况？

任溶溶：上海解放后不久，新华书店华东总分店（后来的华东人民出版社）出版儿童读物，让我负责编辑《苏联儿童文艺丛刊》，于是我好像成了儿童文学的专门人才。这本刊物是 1950 年年底创刊的，一个月一本，出版了一年多。它的出版为当时的儿童提供了一些有益的读物，也为儿童文学工作者们提供了一部分参考作品，同时还团结了上海的儿童文学译者，其中有几位后来成了有名的翻译家。1952 年年底，上海少年儿童出版社成立，我就一直在里面负责外国儿童文学介绍工作，特别是对苏联儿童文学，当时出了很多翻译作品。从 20 世纪 60 年代初起，我们开始出版外国儿童文学丛书，准备把国外有代表性的儿童文学作品系统地介绍过来，还为一些重要作家出版选集，如《盖达尔选集》。很可惜，这个工作后来因为各种原因停止了。

所以，直到"文革"前，我翻译的一直都是苏联儿童文学。按照欧美的观点，苏联儿童文学在过去是政治工具，但我还是觉得苏联儿童文学是很有成绩的，高尔基称得上是对苏联儿童文学创建贡献很大的一位开山之祖。

记者：这期间，除去翻译工作外，您还开始了儿童文学创作。能否谈谈当时的情况？

任溶溶：我从事翻译工作的过程也就是我学习创作的过程，当然我热心从事创作的确是在翻译工作以后。20世纪60年代以前我主要做翻译工作，虽然也创作过诗歌、小说、童话，但纯属客串性质。我认认真真地学写点东西，是在60年代初。我很早就有个打算，准

任溶溶作品

备40岁开始搞创作。我一直翻译人家的东西，有时感到很不满足，觉得自己也有话要说，有时一面翻译，一面还对原作有意见，心想，要是让我写，我一定换一种写法，保管我们的孩子们更喜欢。再加上当时我国和苏联关系恶化，不再出版苏联儿童文学作品，而资本主义国家的作品也不能出，所以没什么书需要翻译了，我负责的翻译科也被撤销，这倒让我有精力投入到了创作上面。

1987年在小读者当中

　　先说写小说吧。那时我曾写过一篇《我是个黑人孩子，我住在美国》。写这篇小说纯属偶然，当时上海人民广播电台要我介绍外国儿童生活，我看了一个外国报道材料，讲一个美国黑人孩子被三 K 党围殴的不幸遭遇，十分同情那个孩子，就把题目告诉了电台，他们马上在《每周广播》上发了消息，定好了广播时间。可是到译稿时，我觉得这报道太简单了，中国孩子听了不一定那么感动。可是题目已经登出去了，时间也已定好，非在规定的时间里照题目讲不可。我真叫作骑虎难下，于是索性像命题作文那样创作小说。我从小是电影迷，看的片子十有八九是美国片，后来又有一段时间做美国文学介绍工作，对当时美国黑人的生活还有点间接的知识，于是以这件事为题材，很顺利地构思出故事，一下子写好了。有意思的是，当时《少年文艺》的主编李楚城同志知道了这件事，竟然用听广播审稿的方式，立即决定在《少年文艺》上发表。这篇小说，后来还被用作教材，出了单行本，选到上海的《十年儿童文学选》里，这却是我始料不及的。

　　童话方面，那时孩子们比较熟悉的，一个是《没头脑和不高兴》，一个是《一个天才杂技演员》。我当时常到孩子们的集会上去讲故事，讲外国故事讲腻了，很想针对孩子们的情况讲点别的什么，两个童话就是这样产生的。关于"没头脑"，我自己就是，"不高兴"则是好些孩子的口头禅。碰到这种孩子，批评他们吧，他们总是不服气，认为这是小事，跟大起来做大事没关系。我就想，干脆让他们带着他们的缺点就变成大人去做大事，出点大洋相，这就是《没头脑和不高兴》。"不高兴"演武松打虎里老虎不肯死这一段，是借用小时候看到的一段广东梨园掌故。掌故里说一个扮老虎的演员向扮武松的演员借钱抽大烟，武松不肯借，扮老虎的就一直不肯倒下，直到武松答应为止。我把这段掌故搁这儿来了。至于《一个天才杂技演员》，原型是我的一个中学同学，他是位运动员，长得英俊，身体说不出有多棒。可是过了多少年再见到他，我简直认不出他来了，原来他不当运动员了，成了个大胖子。我觉得很滑稽，就借这件事想给孩子们说明本领不是天生的，是苦练出来的，就算你比别人聪明一点，要是不勤学苦练，就得不到本领，有了本领也会荒废掉。因此，我在文章里又加上个胖小丑因为勤学苦练成了个有本领的杂技演员这一段，胖变瘦，瘦变胖，孩子们听了都哈哈大笑，我正要他们在嘻嘻哈哈中接受我的道理。这两个故事讲给孩子们听效果不错，编辑同志逼着写，甚至空出版面等稿子。《没头脑和不高兴》我是到截稿前两个小时才像"立等可取"似的一口气写出来的，读了一下就交出去发排了。这两篇都是讲过的故事，我那时候天天听相声，讲时学单口相声的口气，这一点，在童话的文字里也反映出来了。

这两个童话后来都改编拍成了美术片，一个动画片，一个木偶片。拍电影是导演们的功劳，我不过是提供个剧本，但我从小是个"电影迷"，自己写的故事能拍成电影，再没有什么比这更使我高兴的了。

记者："文革"开始后，您被关进"牛棚"，在很长一段时间里远离了儿童文学创作。能谈谈在这期间的情况吗？

任溶溶："文革"被关进"牛棚"，长期靠边，当然是件痛苦的事，但这没有办法。不过比起有些同志，对我算是宽大多了。后来调我去新闻出版署干校，先养猪。当时我的身体非常好，养猪一点也不吃力，而且在饲养场喂猪就够忙的，用不着"天天读"，比在连队里觉得轻松。再往后又让我进翻译连，做熟悉的翻译工作，那就等于"解放"了。我本来就搞文学翻译，让我翻译《北非史》，虽然路子不同，但依靠我的语文修养，翻译历史书也毫不费力，觉得工作也很轻松。

在"文化大革命"以前，我使用的外语只有两种：英语和俄语。"文革"时期无事可做，我就学起了意大利文和日文。其实想学意大利义是在进干校前，那时候我因为从俄文翻译过罗大里的作品，喜欢他的作品，很想从意大利文直接翻译。因此，准备了许多学意大利文的书，但一直抽不出时间。"文革"初期正好有时间了，于是我白天在劳动间隙抢时间休息，甚至在菜场的柜台上睡过午觉，晚上就抢时间学，把生字和语法规则抄在薄纸上，带在身边，白天在"牛棚"里背，还买了意大利文《毛主席语录》来读，这样学到进干校为止。学日文是在干校回来后，当时我觉得日文年轻时虽然也学过，但因为当时是抗战时期，对日本反感，所以没有好好学。这时候正好把日文课本找出来重新学，还得到在资料室工作的朋友帮忙，借了许多日文文学作品偷偷地看，收获很大。屈指算来，我在这个时期看的日文小说，大概比我看过的英、俄文小说还要多。

学会一点意大利文和日文，对我后来的工作有很大帮助。"文革"后我在译文出版社编文艺杂志，一度由我负责意大利文学和日本文学。我特别高兴的是，1979 年，我还从意大利文翻译了《木偶奇遇记》。

我们广东有句俗话，叫"跌倒抓把沙"，意思就是即使倒霉摔了跤，也要趁此"机会"捞回点什么。在"四人帮"横行期间，我就按我们老祖宗的这句格言办，算是捞回了一点东西，不致太荒废，至今感到庆幸。

记者： "文革"后，您介绍并翻译了许多西方儿童文学作品。能否讲一下这方面的情况？

任溶溶： 粉碎"四人帮"以后，

2008 年 5 月 29 日在北京接受第十四届宋庆龄"樟树奖"

我在上海译文出版社编《外国文艺》杂志，起初根本没有考虑翻译外国儿童文学作品，简直连心也不动。真得感谢 1978 年 10 月在庐山召开的儿童读物出版座谈会。在会上我受到同志们的鼓舞，心动了，而且越动越厉害。下山以后，业余除了创作，一口气还翻译了好多部儿童文学作品，一年当中译了二三十万字，比我在"文化大革命"前任何一年都多。人老了，时间少了，该为孩子和儿童文学事业多干点活，我老这么想。

"文革"前，我们主要翻译出版苏联儿童文学作品，"文革"后，我把翻译重点放在介绍"安徒生文学奖"获奖作家的作品上。我现在还是要说，苏联儿童文学的确出了许多好作品，但是只介绍苏联的儿童文学作品，太狭隘了。因为除此之外，世界儿童文学中还有许许多多好的作品，世界上还有不少有影响的儿童文学家需要介绍，特别是供我国儿童文学工作者参考。而且当时优秀的苏联儿童文学作品也基本上都有了中译本。这时候我知道有"安徒生文学奖"，就把重点放在介绍获奖作家的作品上，翻译了林格伦、涅斯特林格、杨松、德容等人的一些作品。我在编《外国文艺》杂志时，和上海图书馆、北京图书馆也有联系，看到不少外国文学资料，对我选材翻译方面也有帮助。

记者：近期，由中国作家协会举办的第九届全国优秀儿童文学奖评奖揭晓，您的儿童诗集《我成了个隐身人》获得满票。您曾写过一首小诗："发白红心在，豪情似旧时。愿穷毕生力，学写儿童诗。"对于儿童诗，您似乎情有独钟，作品丰富。

任溶溶：我喜欢儿童诗，我译过苏联的马尔夏克、米哈尔科夫、巴尔托的儿童诗，有时觉得我可以写出同样好的诗。而且，译儿童诗特别费功夫，又要符合原意，又要符合整首译诗的音节数和押韵等等，极花心思，说不定比作者写一首诗花的时间还多，不由得就想干脆自己写诗。于是我弄了个小本子，不断记下自己准备写诗的题目，本打算留到不惑之年开笔大吉。可我动笔没等到 40 岁，提早了三年，那是因为当时翻译任务轻了，闲不住，再加上创作的愿望越来越强，憋不住。所以，我把小本子打开，一个个研究，选择那些隔了很长一段时间还很让人感动的题目来写，就这样一口气写了几十首儿童诗，后来大都收到《小孩子懂大事情》这个集子里。"文革"后除了翻译，我专注于儿童诗创作的时间就更多了些，就这样一直写到现在，也就有了"学写儿童诗"这样的话。

记者：您心目中优秀儿童文学作品有怎样的标准？要成为一名优秀的儿童文学工作者需要具备哪些条件？

任溶溶：我不懂理论，有关理论问题我就不说了。我翻译作品最大的特征是口语。我年轻时是一个语文工作者和文字改革工作者，以后再没放弃过，这个工作对我后来做儿童文学工作有很大的好处。研究拼音文字就要研究我国文字的发展规律，要注意口语，这就使我对祖国的语言文字有一个基本的认识。我翻译作品只是用我的话讲外国人用外国话讲的话。外国作家也是要小孩子一听就懂，觉得好玩，我也就尽量做到这一点。

关于我的儿童文学创作，那没什么可说的，我至今还处于学习阶段。我只是感觉儿童文学除了使儿童获得艺术享受，受到教育之外，还要向他们进行语文教育。儿童正在学习语文阶段，一篇短文、一部长篇小说，都是向他们进行语文教育，因此儿童文学工作者要有语文修养。我小时候上了三年私塾，读过《三字经》《千字文》《论语》《孟子》等，小学一年级的时候就会用文言文写文章了。后来我在大学里念的是中国文学系，那时候我对文字学和音韵学很感兴趣，因此有意选了这个系，结果就被古诗词迷住了，这也使我长了不少知识。

记者：在许多人眼里，您是一个无忧无虑的老顽童，似乎什么事都不会干扰您的好心情。对这一点，您自己怎么看？

任溶溶：我很怕人家说我是顽童。我从小就是一个很乖、很老实的孩子，一点不顽皮，功课特别好。我跟儿童讲话完全是正正经经地讲话，只是我找的材料是儿童生活中有趣的东西，孩子们觉得好玩，并不是我在逗他们。而且，人不可能无忧无虑，我现在年老体衰，这就让我忧虑，不过忧虑也没用，还是做点开心的事吧。

记者：在中国儿童文学事业方面，您还有怎样的愿望？

任溶溶：对我来说，为儿童写作是非常自然和快乐的，"儿童文学工作者"这个头衔最好，我很庆幸自己活在有儿童文学的时代里，为孩子们写东西是我一生最正确的选择和最快活的事情。现在大家都在说"中国梦"，我做的"中国梦"就是儿童文学梦。我老了，已经写不出什么作品了，但是我相信一代一代的年轻人会继续这项工作，而且会越做越好。我希望咱们有更多好作品出现，走向世界。我曾经也是全国政协委员，在许多会上学到许多东西，因此我希望今天的政协能够继续关心中国的儿童文学事业。

记者：感谢您接受我们的采访，并请接受我们最诚挚的祝福。

《王贵与李香香》发表的前前后后

黎 辛

从延安回北京好几天了，头脑里总还浮现着延安的山水、草木、窑洞，还有我当年生活工作的情景。这次回延安，参观了党中央、中央军委与边区政府旧址；在宝塔山顶俯瞰延安市容；特别在清凉山大半天，看遍名刹古迹，找到了当年解放日报社社长、中央政治局委员博古居住的两孔旧窑，走遍我曾经住过的三处窑洞。在新闻出版纪念馆里介绍《解放日报》副刊的地方，发现展出三四篇我推荐文艺新人新作的报纸，包括发表《王贵与李香香》的报纸和我当天写的推荐稿。在延安文物管理委员会姬乃军研究员的陪同与指点下，还看到不少当年在延安时没有去过、以前回延安参观没有到过的地方，深感又一次受到教益，但同时总觉得没有看够。不由自主地，我常拿起摆在桌上从延安带回来的图书和资料，翻了又翻。

有一天，我突然在延安清凉山新闻出版纪念馆编辑的《万众瞩目清凉山》中发现冯森龄同志的《在清凉山前后》这篇文章里有写黎辛的地方。冯森龄回忆他当年在《解放日报》采访通讯部做实习工作时的情况，他说对"每篇来稿，我们都仔细阅读。每篇稿子都要有所交代。能用的但有些事情没有交代清楚，便写信请作者补充，不能用的写信说明为什么不用。凡是编的稿或写给通讯员的信都交给看复稿的同志修改。在编辑部工作期间我才体会当编辑是非常辛苦的劳动"。冯森龄说他"深感新闻这碗饭不容易吃"。他接着说："采通部这样，其他部也是这样。给我印象很深的是副刊部关于李季的《王贵与李香香》一稿的处理。处理这篇稿的黎辛同志，经过反复考虑，又到采通部征求意见。叶滨同志当时负责编三边地区的稿件，他说这个故事在三边流传很广，群众以这个故事编的'顺天游'，很多人都会唱。黎辛听了非常高兴，很快就编出来了。这篇稿当李季寄给《解放日报》副刊时，同时发给《三边报》。原稿题目是"红旗插在死羊湾"，开始是说唱一段，有一段道白。《解放日报》刊登时，题目改为"王贵与李香香"，删掉了道白。《解放日报》是 1946 年 9 月 22 日至 24 日，连续三天登完。"

感谢冯森龄，我们当时接触不多，同时时间也短，他把他知道的情况记得这么清楚，而我则忘却了。冯森龄说的这些情况是有意思的，特别是他说《王贵与李香香》在《三边报》发表时是说唱形式，题目叫"红旗插在死羊湾"，这一情节鲜为人知，在《李季文集》《李季评传》《李季研究专辑》与《李季作品评论集》中均未提到。现在想来，1946年我拿到李季《红旗插在死羊湾》的说唱稿，读后非常感动，也想到作者在副刊发表过作品，为了解作者更多情况，曾几次向采通部的同志请教。我估计李季是报纸的通讯员，采通部有通讯员的档案。如今读冯森龄的文章，有关的历历往事又浮现出来。当时我向叶滨请教后，翻阅副刊部来稿登记本，知道李季1943年4月12日在副刊头题位置发表过题为《在破晓前的黑暗里》的报告文学。1945 年 7 月 20 日在副刊发表过题为《救命墙》的民间故事，署名里计。1945 年 9 月 12 日又在副刊头题位置发表题为《老阴阳怒打虫郎爷》的短篇小说，署名李寄。李季向副刊投稿三次，都发表了，但分别署三个音同字不同的笔名。显然，作者追求作品一篇好过一篇，而不重视署名的影响。

我与李季可说有缘。李季的作品多数是我处理的。《在破晓前的黑暗里》，作者写他从太行山回延安，在山西临汾通过日伪封锁线，看到当地人民在日伪统治下的痛苦与灾难，从人民的不屈斗争中显示出战胜日本侵略者的曙光。事有凑巧，1938 年冬，我在中国人民抗日军政大学六大队学习，从陕北去太行，也是在这里过的封锁线。临汾是平原，在这里走必须接连通过铁路、公路与汾河三条封锁线，一日走 90 公里，越过海拔 4000 米终年积雪的绵山，夜宿在两边大山后边的解放区，困难极大。但是敌人麻痹，通过比较安全。这次过封锁线，跑得我腿肚子抽筋往前转，过了封锁线，宿营时什么都不记得了。而李季却在这时还能采访与写笔记，稿子的内容珍贵。我在稿笺上建议刊登在头题位置，这时是陈企霞发稿。现在看来，这应当算是李季的处女作。《老阴阳怒打虫郎爷》写三边地区群众扑打蝗虫、破除迷信的故事，生活气息浓厚，人物性格鲜明、生动，是篇用民间手法写的优秀小说。作者附信表示他这样写是希望识字的人能看，不识字的人能听，希望他的作品广大农民能够欣赏。这是一个像赵树理那样怀抱雄心壮志，要使自己的作品占领农村，占领广大人民群众阅读阵地的作家。这时，陈企霞已赴华北前线工作，改由我发稿了。无疑，把它刊登在头题位置与在标题周围加花边框是我经办的。这是当时《解放日报》发表文艺佳作的最高装饰与最高规格。《老阴阳怒打虫郎爷》引起了文艺界的关注。这应当算李季的成名作了。

《红旗插在死羊湾》是以故事发生的地点取名、采用说唱形式、分行写的长诗。可以唱，道白可以说与讲，像北方的评书与南方的弹词。

我不懂民间文艺，但也立即被作品吸引、打动，特别是用"顺天游"这样两行一韵的民歌形式刻画人物，表现革命斗争与群众的思想感情生动极了！诗的优美堪与我读过的中外名诗相比，而人物的思想感情则完全用群众的活的口语来表现。这是一种创造性的、前所未有的新形式，不仅精彩，简直是神奇。显然，这是作者的一次新的尝试，也是一次大的飞跃。可是作品太长，说唱部分情节重复，说的部分篇幅更长，故事行进速度缓慢。

从采通部了解了有关情况以后，我写信向作者请教并希望他提供有关的《三边报》。想不到，作者寄来《三边报》时还寄来他搜集的数千首"顺天游"。原来，"顺天游"只在民间口头流传，家喻户晓，简直人人会唱，人人会编，可是没有文字的印刷本。《红旗插在死羊湾》在油印的《三边报》上只发表了第一部分。作者的学习与写作态度诚恳感人，他向我们介绍"顺天游"并坦率地说，作品里的诗句有不少就是民间传诵与歌唱的。当然这并不妨碍作品的创作，中外许多来自民间的名著的先例是不少的。

我又写信给李季，说我感到作品太长、标题缺乏力度。李季复信，说他把作品改为叙事长诗，题目改为"太阳会从西边出来吗?"，不久寄来。这样，作品精彩和利索多了，但诗题这句口语被使用得过多，有陈旧感，我一直被作品中王贵与李香香这两个人物的精神力量所感动，就索性把它改为"王贵与李香香"，副标题"三边民间革命历史故事"仍保留着。为了尊重作者，我又写信征求李季的意见，并请他对作品作最后的修改。李季同意改后的标题（中华人民共和国成立后出书，李季把副标题也去掉了），这个标题一直沿用下来。

于是，我对我对面办公桌坐的副刊版主编刘祖春说，我发现一部非常好的诗，想写推荐文章发表，请你先看看这首诗好吗？刘祖春说你写推荐文章发表就是了。我说诗有 10000 多行，我们还没有发表过这么长的诗，你先看看好。刘祖春说只要好，不怕长，你写文章吧。刘祖春抗战以前就开始发表作品，是位老作家，对培养新作家很热心。他为人正直，与大家相处得很好。坐在靠外边的编辑冯牧听到了我们的交谈，插嘴问有什么好诗，先睹为快，给我看看。副刊部发现好稿，大家常常这样传看和议论。冯牧看完，称赞这是绝妙的好诗，并说把题目改为"王贵与李香香"，改得好，他赞成。

《王贵与李香香》于 9 月 22 日至 24 日在副刊连载，第一天发表在头题位置，我用常用的笔名"解清"写了推荐文章《从〈王贵与李香香〉谈起》，刊登在 22 日左上角辟栏的位置。当时的中央宣传部部长陆定一 26 日送来文章《读了一首诗》，称赞《王贵与李香香》是"用丰富的民间词汇来作诗"，是"内容形式都好的"一首诗，说它是"披荆斩棘、开出了道路"的"新文艺的开路先锋的各位同志"中的一项成果。无疑这使《王贵与李香香》更加为人重视。新华社请美国专家李敦白先生译成英文，连同《读了一首诗》一文在 1946 年冬向外广播。据我所知，这是延安时期第一次用英语对外广播文艺作品。

《王贵与李香香》发表不久，就为群众热烈欢迎。当时人们听到行路的与赶脚的群众歌唱，有人写信来要求印刷成书出版。特别是 1947年 3 月《王贵与李香香》在香港出版，郭沫若作序，说"中国目前是人民翻身的时候，同时也是文艺翻身的时候"，《王贵与李香香》是人民翻身与文艺翻身的"响亮的信号"。周而复为该书写了后记，说"《王贵与李香香》的出现，无疑的，是中国诗坛上一个划时期的大事件"。"它给我们提供了人民文艺创作实践的方向"。"这是中国土壤里生长出来的奇花，是人民诗篇的第一座里程碑，时间将增加它的光辉"。1948年初，茅盾撰文说它"是一个卓绝的创造，就说它是'民间形式'的史诗，似乎也不算过分"。《王贵与李香香》引起的轰动，在诗坛，甚至在文坛，都是罕见的。

我想不到的是，《王贵与李香香》发表不久，李季又寄来了短篇章回小说《卜掌村演义》。这是他用民间形式创作的又一篇优秀作品，一半用行文叙事，一半用诗抒情，共分六回，人物、情节生动感人。作品以陕甘宁边区文教模范崔岳瑞治病救人与破除迷信的事迹为素材，写成了可说可唱的小说。我读了振奋不已，即写了约 800 字的按语推荐它。《卜掌村演义》自 10 月 7 日起一天一回在报上发表，六天登完。

李季的作品在短时间产生罕见的轰动与声誉，主要是作者在基层工作，无论在战场或后方，都与群众在一起，同生死，共患难。他把自己看作为人民服务的干部，亦是革命的战士，这种与人民血肉相连的感情，使他能在人民革命与翻身的时代，写出人民群众喜闻乐见的作品，他的几篇作品都可以说是表现人民的新时代的代表作。

李季在《解放日报》发表五篇作品，我们通过不少信，在交流工作中也交流思想，互相认识笔迹，是同志也像朋友，但从未见过面。1948年5月，我从大别山前线回郑州不久，一天去刘祖春处，进门看见一个穿灰粗布军装的年轻的黑脸汉子，他的军风纪整齐，腰扎皮带，绑腿裹得紧而靓，想大概是从第一野战军来的。刚巧，刘祖春走进来，见我们互相望着发愣，他说："怎么，你们还不认识？这是李季，这是黎辛。"我们的手紧紧握在一起。这时我才知道他是河南唐河县人，河南解放了，他要求回河南工作。我在《从〈王贵与李香香〉谈起》里说他是广东人，是听《解放日报》驻三边记者站的记者说的。这时我感觉李季淳朴、诚挚，大而有神的眼睛流露出青春与智慧的光芒。1949年6月，李季从郑州乘火车去北京参加全国第一次文学艺术工作者代表大会。我在武汉，去北京的火车还不通，只好绕道南京去北京。文化会上，我们编在新解放的华中代表组。7月回到武汉市，又共事到1954年底大行政区撤销。

1950年，我兼管中南新闻出版局所属武汉市通俗图书出版社的编审工作，把李季的《老阴阳怒打虫郎爷》等雅俗共赏的通俗小说印成一套定价几分钱的小书向农村发行，我又为它写了一篇书评，题为"群众要敬神怎么办？"，署名解清，在《长江日报》书评版发表。新闻出版总署发的书评通报说这是篇优秀的书评。《李季文集》出版前，责任编辑、诗人宫同志嘱我为文集写跋，我不懂诗，不能作跋，只写了个读后感，题为"为创作人民大众喜闻乐见的文艺作品而奋斗"，副标题是"写在《李季文集》的最后"，先发表在《红旗》杂志。我要求宫把它排在《李季文集》的最后。我为李季写的四篇书评，都收集在《李季作品评论集》中。

1981年，我和李季在中国作家协会同事，他任党组副书记，工作很忙，很少写作。他找出1948年写的诗作《新烈女传》给我看，征求意见，准备修改后向外投稿。我说写得好，当时就该发表。我当时在繁忙的工作中挤出点时间写了个短诗评，但没留底稿，已不记得在哪里发表了。

以上所述《王贵与李香香》发表前后的情况，仅仅是重述它的价值，也介绍它发表的经过，以澄清一些不实之词。

追忆父亲李英儒与《野火春风斗古城》的创作

李家平

　　长篇小说《野火春风斗古城》（以下略称《斗古城》），是先父李英儒的代表之作。小说于 1955 年春季开笔，1958 年完成，历时三年余，在巴金先生主编的《收获》上先期发表后，同年正式出版。作品面世后即在文坛和社会上引起强烈反响，得到相当的好评，叶圣陶还写下热情洋溢的评论文章。

　　也许是那一代作家非常忠实于生活，也许是他们的作品成功地再现了生活，当时不少读者总喜欢从作品当中寻找作者的经历乃至作者自身。在我念小学的时候就经常有人问我，《斗古城》里的男主人公杨晓冬是不是你的爸爸？女主人公银环是不是你的妈妈？这实在是一个难以回答的问题，何况当时我还是个小学生。的确，我父母在敌伪统治下的古城做过地下工作，有着类似的经历。那还是 1942 年，针对日军疯狂发动的"五一"大扫荡，晋察冀军区党委一面组织大量武工队深入敌后，一面派遣了一批干部到平、津、保等大中城市和交通要道搞地下工作。父母便是那时受冀中区党委指派打进保定城的。这一段历史经历，为父亲日后创作《斗古城》积累了大量的素材。比如，《斗古城》里细致描写的杨晓冬入城的情节，即是脱胎于历史真实。父亲奉命出发时手中并没有合法证件，他是冒了生命危险入城的。之所以如此仓促，是因为他身负着一项刻不容缓的紧急任务：开辟一条由冀中通往山区根据地的安全交通线。那时驻保定的日军对平汉线封锁得极严，已有不少同志在穿过平汉线时被捕、牺牲，因此，父亲为了早日进城开展工作，也就顾不得凶险了。但无论如何，说我父母便是小说中的男女主人公，还是片面的。起码他们进城时就已经是夫妻关系了，绝无书中那许多曲折、动人的情感发展过程，而且母亲更未在医院做过白衣天使，她的公开身份不过是一个极为普通的小职员的妻子。《斗古城》创作中甚至还有"随意"的地方。某晚父亲写着写着忽然停笔，问正在一边织毛衣的母亲：你说给叛徒起个什么名字好？母亲随口说道：就叫高自萍吧。于是高自萍的名字就出现在小说里。后来不少人认为这个名字起得好，高自萍，小资产阶级味浓，正适合做叛徒的名字。

应该说，《斗古城》一书是紧密地联系着作者的真实经历的。父亲1936 年投身革命，参加了民族解放先锋队，置身于革命的学生运动，于是《斗古城》中就有闹学潮、撒传单的内容。父亲上中学靠半工半读完成学业，他在学校的图书馆里帮忙，自然比一般学生接触工友们要多，因而《斗古城》中便有了工友老韩。父亲潜入保定之后，辗转托人，方由伪省政府的经理科长给安插了一个差事，在此环境中他目睹了汉奸省长一伙人的卑劣行径，因此《斗古城》中才能对伪省府上下大小汉奸们有详细真实的刻画和描写，而那个月月盘剥父亲微薄薪水的经理科长，则基本上是书中伪科长李歪鼻的原型。除了地下工作之外，《斗古城》中也讲述到主人公的身世，此间出现的一个重要人物"杨母"，我怎么想都有我奶奶的影子。虽然我出生时奶奶已经故去多年，但我听到的奶奶的性格、人品，与杨母非常相似。父亲在《斗古城》里大写母子之情，除了奶奶对他的疼爱之外，还有其他原因。我奶奶本是续弦，我的大伯和二伯都是爷爷前妻的儿子，奶奶过门后又先后生下三女二男，父亲则是奶奶的亲生长子，他在奶奶眼里的地位自然就比别人要重。当然事情并不这么简单，且说大伯和二伯相继成家后，加上奶奶身边的一群子女，我们家的人口陡增，劳力很是缺乏，本来并不殷实的家庭快速走向了衰落，而爷爷这时又卧病不起，无疑更使这个负担沉重的农户雪上加霜。奶奶是把重振家业的厚望寄托在了父亲身上的。那年父亲进私塾念书，奶奶为他做了新鞋，拆洗了棉袄，她让父亲穿上后还深情地嘱咐说：孩子，念书当个拔尖的，给妈争口气！父亲也真就很用功很争气。父亲11岁时，爷爷因病不治撒手而去，家里只剩下孤儿寡母，呈凄惨景象。不久，大伯又提出分家要求，家中矛盾尖锐，父亲几乎每天放学回到家都能看到吵架情景，还为此偷着向大伯求情，但没有用。而奶奶更是性格刚强，绝不肯俯首低眉，分家遂成定局。客观地讲，大伯也有他的难处，他也有一家数口需要照料，分家后，他的日子过得也很紧张，除了种地还得给财主扛活方能维持家计，何况他对我奶奶、他的继母实无多少亲情可言。奶奶30岁守寡，留在她身边的不过是旧房薄田和一群年幼的儿女，一个农村妇女要撑起这摊破败凋敝的家业来，其难可知。她经常哭啼啼地把父亲拉到跟前，要他发奋读书，日后好顶门立户帮她把弟妹们拉扯起来。那时节父亲不过才十一二岁，却已经深知生活不易，他暗暗立下决心，苦熬寒窗，争取长大后当一名教师，每月挣上几十块钱维持家庭生活。这，就是父亲——一个农村少年——立下的全部宏愿。然而，这个愿望并不易实现，那年他考上了保定市内的中学，奶奶和我大姑的两架纺车实在挣不够他的学费了。无奈之下，奶奶拉了父亲沿街挨户地走遍附近几个村的亲朋家，舍下脸来求援告贷。好在旧时农村有种传统意识，愿意教本乡本土出人才，不管日后出落成文臣还是武将，说起来总都是家乡的荣耀，所以总会有人资助他们看中的"好苗子"的。奶奶左支右贷好歹凑足了学费，父亲才告别家人进城读书。父亲绝没想到，他此去竟走上了与当教员养家持业全然不同的人生之路。但是，无论在这条路上走出多远，父亲始终感念着奶奶对他的养育之恩。《斗古城》中，杨晓冬母子间那份深情厚爱以及同生共死的命运，依依不舍的眷恋，都来源于活生生的现实生活，不可能凭空杜撰出来。奶奶是病故的，没有杨母那种被捕就义的壮烈结局，但在抗日的烽火中，她亲生的两儿两女先后奔赴抗敌前线，她的家也成了八路军的堡垒户，奶奶接待照顾过许多过往的同志，自己还担负了交通送信等工作，她，无疑是一位英雄母亲（因我家有六人挺身抗日，冀中军区曾命名我家为"抗战家庭"，作为后代，我始终为我们家族的这份荣耀感到自豪）。《斗古城》中"杨母跳楼"是一场重头戏，许多读者认为这一章节写得震撼人心，想来，这是父亲在歌颂母亲的伟大的自我牺牲精神，既歌颂广义的母亲，也歌颂自己的妈妈。

《斗古城》创作得益于生活经历的丰富，不言自明，生活素材无不在书中得到了典型化、集中化、情绪化、情节化。国家不幸诗家幸，父亲的生活经历为他提供了丰富厚实的创作源泉。他从参加"民先"闹学潮起，在抗战中曾率步兵团大小参加过几十次战斗，打过游击战，也打过正规战，在敌占区做过地下工作，在解放区做过妇女工作，还先后在四个村庄搞过土改，后又参加了平津战役……不过父亲并不认为有了这些创作素材就已经足够了，他对把握生活表现生活的要求也很高，总感到自己做得还很不够，在《斗古城·序》中他就说："……拿我这本小说与实际生活作一比较，则前者赶不上后者的万一。想到这里，我心里颇感不安。"

　　父亲着手创作《斗古城》的时候，我还是一个无知的学前顽童，终日里海玩胡闹，入学前的童年生活只给我留下一个简单的印象，即玩得痛快。那时节，父亲还在业余写作阶段，而 20 世纪 50 年代的业余写作，当比今天更加辛苦。之所以这样说，是因为那个年代的人们敬业精神极强，每天都是全身心地投入到工作里头去。父亲是个做事认真仔细的人，当然更不例外，一天下来体力精力消耗几尽，回家后若再要呕心沥血地爬格子搞创作，其苦可知。那时父亲在总后机关里负责文化宣传方面的工作，案头事务很多，同时他还负责领导机关大礼堂，那里连干部带服务员也将近 30 人，又是一摊庞杂的事务性工作。且不说礼堂举行的会议、演出、放映等事，单是每周六的机关舞会就够他头疼。父亲不会跳舞也不好此道，但按规定有舞会时他必须到场，偏是舞会都在晚间举行，大大地占去了他宝贵的写作时间。逢此时，父亲深夜归家，通常先洗上一把脸，接着就匆匆投入写作。

　　那时我对父亲的辛苦可谓浑然不觉，只知道他桌上的台灯总亮着，利用率极高。那是一只金属质地的台灯，安着椭圆形的玻璃灯罩，白天看灯罩呈墨绿色，入夜把灯打开，玻璃罩宛若一青翠的宝石，煞是晶莹，常引我遐思。可是任我怎么想也绝想不到，坐在灯前的父亲有多么的辛劳。父亲经常闹头疼病，一闹便十分痛苦。我也经常为他掐头，只是每次不超过三分钟，他便嫌我的手劲不够，改求他人。记得他夏日常坐在藤椅上面，头上戴着一个锃光瓦亮的镇脑器，闭目养神，现在想来，他是多么需要休息啊！

　　可以说在父亲创作《斗古城》时，我是从未起过好作用的。尤其是那年妈妈到党校学习，整整六个月，父亲又当爸又当妈，照料我和妹妹。这对一个 40 多岁的中年人来说，不啻如山重负。他尽了心力，可妹妹的头发后来还是打了结，用梳子也梳不动。妹妹有时不舒服，他还得带了妹妹到班上去，边办公边监护。有我们这一对好儿女，父亲若要保证创作进度，不开夜车熬通宵更待如何？父亲的群众关系特别好，他在天津陆军医院当政委时，身边常围着一群年轻人，包括一批战后留在中国的日本医护人员，也是年轻人，大家都爱和父亲交往，乐意和他聊天儿拉家常，甚至个人婚姻一类的事情也爱找他去征求意见。他们还爱听父亲做报告，说他的报告不枯燥，大热天在太阳下听将近两个钟头都不觉得辛苦。调到北京后，他身边依旧围绕着年轻人，多是大礼堂的工作人员。所以，我们家里也总是热热闹闹的。前两年曾见到父亲遗留下来的一个旧笔记本，上边记录着对《斗古城》原稿的发言意见，发言者基本都是父亲身边工作的那些叔叔阿姨。他们虽是父亲的下级，但意见谈得都很直率，认为好就说好，认为不好就说不好，全然地直抒己见。我想，倘若父亲不是真心求教，他的笔记本是记不下那么多的发言的，这些人与父亲既是同事又是朋友。父亲去世那年，这些叔叔阿姨先后来到我家探望慰问，他们的面孔，我依然十分熟悉，心中倍感亲切。我不禁想起当初《斗古城》写成时，一些叔叔阿姨，十分踊跃地帮忙抄稿子，特别热情，他们还说这对自己也有好处，一是可以学文化，二是可以练书法，那欢快热闹的场面还历历在目。

《斗古城》问世后，在社会上的轰动效应，我知道得并不太清楚，只记得跟父母看过不少根据《斗古城》改编的戏剧，有话剧，有曲艺，有河北梆子。印象最深的还是评剧，我觉得那里边有两位演员演得最好，一位是饰演伪司令高大成的陈少舫，他把狡猾凶悍的土匪人物演得活灵活现，不仅引得观众发笑，也叫观众恨他。另一位便是著名评剧表演艺术家马泰，当时马泰正值艺术生命鼎盛时期，他饰演杨晓冬颇带激情，尤其是杨晓冬被捕后，在敌人举行的宴会上怒斥日伪的那段唱腔，马泰唱得慷慨激昂、气若长虹。父亲与马泰相识也是从那时开始，几十年来彼此印象很好。

1964 年，父亲与他人合作，又将《斗古城》改编为同名电影搬上银幕。这部由八一电影制片厂出品、著名导演严寄洲执导的影片，演员阵容非常强大，王心刚出演杨晓冬，王润身出演关敬陶，而剧中女主角金环、银环姊妹，由王晓棠一人包揽。电影《斗古城》在总后勤部大礼堂放映那天，场内座无虚席。因了父亲的这层特殊关系，放映前还举行了一个小小的仪式，父亲与王晓棠、王心刚、王润身一起走到舞台前和观众见面。顿时，场内一阵喧动，自然，人们激动是因为能够亲睹三位明星的风采。他们都是军人，但穿的全是便服。记得父亲穿了身浅色套装，又随便又大方，王心刚、王润身则是把短袖衬衫下摆别在长裤中的装束，潇洒中透着一股英气。最引人注目的还应是王晓棠了，她穿的是连衣裙，好像是白地蓝花的那种，看上去和银幕上一样的漂亮。父亲作了简短的开场白后，便结束讲话，接下来该由演员致辞，三位明星竟在台上互相推托起来。真没想到在银幕上光彩照人挥洒自如的人，在观众面前居然有些拘谨腼腆。最后还是王晓棠站出来代表三人讲了话。

电影《斗古城》拍得非常成功，公映后深受观众欢迎。但我心里却埋藏了一个大遗憾，即影片接近尾声时，关敬陶率团起义与日伪军展开激战一场戏，片中一笔带过，仅以几秒钟的黑暗和枪炮声代替。这不能不令我大为泄气，最想看到的没能看到，那会儿我毕竟是个读五年级的小学生啊。30 年后拍摄 20 集电视连续剧《斗古城》时，我参加了剧本创作，在商讨剧中武打戏应多一点还是少一点时，我不由自主地成了强硬的"主战派"，这也和当年的那点遗憾不无关系。电视剧在国内多家电视台播出后，反映很好，获得了观众和专家们的好评。这部较完整表现原著内容与人物的大型电视剧，是由我妹妹李小龙导演的。我们这一对做儿女的，在当初父亲创作《斗古城》时没少给他加累赘添麻烦，如今把《斗古城》改编成电视剧搬上荧屏，或多或少也算对我们早年的"欠债"做一点偿还吧。可惜，父亲没能看到这一切，如果不是疯狂的"文革"夺去了他的健康，如果不是他晚年的过劳创作，他本应该能够看到的。

有一年父亲指着书柜里他那一排著作跟我讲：都说文章千古事，也未必尽然，不过人做点事情，对自己终归有点安慰，有个交代吧。然而他对自己并没交代完毕。他曾打算写十部长篇，最后一部以自传封笔。遗憾的是，他刚刚完成第九部长篇《魂断秦城》的初稿，便离开了人世。父亲一生，半在马上征战，半在案前笔耕，尝遍人生百味，看尽世态炎凉，他既有大喜又有大悲，可惜这荣辱交并的丰富经历，没能记述下来。父亲有许多生死关，都是靠着坚忍不拔的毅力闯过来的，他也常教育我要做个有点毅力的人。我想这篇信马由缰式的文章，不妨以他在秦城监狱悄悄写作时占的一首小诗来结束，诗中体现了他的不屈的精神。那是一个傍晚，父亲写作累得头昏眼黑，偶抬头，见牢房小窗外有弯月当空，移时月牙又被乌云遮漫。翻开报纸，忽然发现此日正是端阳节，于是占诗自勉：

碧空乌云吞月光，骤忆今夜是端阳。
人生有路须前进，大夫何须跳楚江。

刘流与《烈火金刚》

———

刘美华

《烈火金刚》一书自 1958 年出版以后，不胫而走，受到广大读者的欢迎，于今已有 47 年。书中塑造的肖飞、史更新等抗日英雄形象为几代读者所喜爱。我的父亲刘流是该书的作者，在纪念抗日战争胜利 60 周年之际，谨以此文祭奠父亲的英灵。

血气方刚　少年志高

刘流，1914 年 3 月 3 日出生在河北省河间县念祖村。原名刘其庚，祖上是读书人，家境较为富裕。1900 年，冀中平原爆发了大规模的义和团运动，我的曾祖父和祖父均参加了。义和团后来遭到了八国联军和清政府的镇压，曾祖父因为是当地运动的组织者而被抄家，从此家道中落，一蹶不振。因此，父亲从小就有强烈的民族意识。

由于家境困顿，父亲只跟着教私塾的曾祖父念了三年书，达到了粗识文墨的程度，后来由亲友资助在烟台上了一年中学。他自幼聪明好学，手不释卷，《三国演义》《水浒传》等古典小说，以及唐诗宋词滋养他长大。他也非常喜欢当时农村中流行的戏本、唱本、鼓词、评书等民间文学作品，经常看"野台戏"，听"大棚书"。家庭文化的濡染和民间文艺的熏陶对父亲后来的文学创作和艺术实践产生了直接的影响。

在父亲十六七岁时，有一位在西北军供职的亲戚向他介绍了冯玉祥将军的人生道路。父亲心向往之，便跟这位亲戚离家闯荡社会，曾在南京炮兵学校就读，接受了一些军事训练，但学校强迫学员集体加入国民党，对新学员又十分歧视，几近虐待，使父亲十分反感。父亲不堪忍受粗暴的压迫和非人的待遇，就装病逃避，半年后被除名。此后到天津和烟台，时而求学，时而打工，几乎是处处碰壁，吃尽了苦头。不久，"九一八"事变发生了，国仇家恨促使他走上了抗日救亡的道路，到东北参加了张学良七弟张学骞领导的抗日义勇军，在白山黑水之间疲于奔命，父亲几次濒于绝境。他的诗作真实地反映了林海雪原中舍生忘死的战斗生活，其中有一首为《老爷岭上》。

> 北风旋卷着冰雪狂叫，
>
> "火龙"负着创伤飞跑——
>
> ——落荒的勇士奔逃。
>
> 啊！进路绝了，
>
> 这是老爷岭的断崖，千尺高！
>
> 追兵赶到！
>
> ……
>
> 为了三千万同胞，
>
> 跳吧！跳吧！
>
> ……

> 雪墓里苏生的难者，
>
> 风雪吹打着狂叫，
>
> 啊！怎么再也看不见"火龙"飞跑？

后来，这支队伍在日寇的剿杀下溃散了，父亲受到通缉，有仇难报，有家难归，真是走投无路。但他血气方刚，乐观向上，似乎并不知道世界上还有一个"难"字。他在诗中写到：

> 平生个性喜游侠，
>
> 到处天涯是我家。
>
> 日月星辰为我伴，
>
> 披霜挂露破风沙。
>
> 荷枪跨马敌前跃，
>
> 慷慨高歌自我夸。
>
> 热血澎湃如潮涌，
>
> 永远浇灌自由花。

1937 年夏，23 岁的父亲与战友们参加了中共地下党领导的砸北平第二监狱的行动，救出了关押的共产党人和进步人士，组织起抗日的队伍，这支队伍后来成为八路军晋察冀军区第五支队，父亲任侦察科长。1938 年，父亲加入了中国共产党，他以诗表达了自己兴奋的心情。

> 我是法西斯血爪下的亡命徒，
>
> 在暴风雨的夜里，
>
> 投入了布尔什维克的怀抱；

我的梦醒了！

眼也亮了！

穿透云雾的阳光，

已在招呼着我前进。

我已知道：

为什么要生存，

什么是真理。

我为它——真理——作了决定：

永远地学习！

永远地斗争！

出生入死锻造《烈火金刚》

八路军晋察冀军区第五支队战斗的足迹遍及妙峰山、燕山、阴山南麓、太行东坡、北岳区域以及五台山。年轻的队伍年轻的兵，他们走到哪里，抗日的歌声就唱到哪里，父亲的文艺爱好在革命队伍里得到了发展的机会。为了宣传鼓动工作，父亲开始自编自演、现编现演文艺节目。1939年，父亲被调到晋察冀军区"抗敌剧社"做演员，半后之后又被调到军区政治部做侦察参谋。由于父亲曾在炮兵学校学习过，又在东北打过仗，在由青年知识分子和农家子弟组成的八路军队伍中是个"老兵"。他多次负责侦察工作，1940年调"白求恩学校"做军事教官、政治教官，并负责军事指挥。

1942年秋，也就是毛泽东《在延安文艺座谈会上的讲话》发表后不久，父亲再次被调到抗敌剧社，主要任务是研究和编演实验性质的新京剧，进行旧剧改革。他参加编演了《史可法》《苏州城》《李自成》《蔺相如》等剧目，并饰演其中的李自成、史可法等主要角色，同时也参加一些话剧的演出。抗敌剧社犹如一所艺术学校，没有学历的父亲只是凭着天赋和自身较好的条件参加了多种艺术形式的实践。在抗敌剧社前后五年中，父亲比较扎实地学习了毛泽东的文艺思想，并阅读了一些中外文学名著，同时开始在报刊上发表作品，如在《子弟兵报》上发表了《民兵李长发》《大练兵》等小说和鼓词。

1945 年，张家口第一次解放，父亲随剧社入城，参加了张市戏剧运动。边区政府成立了戏剧改革工作组，父亲是成员之一，深入各剧院，团结改造旧艺人，并参加了不少演出活动。后来内战全面爆发，从张家口撤退，父亲转到地方工作，这一阶段，他经常在报刊上发表反映现实斗争的作品，如小说《锻炼》、叙事诗《哑巴大娘的话》、大型话剧《血尸案》等。

整个抗日战争时期，父亲都是在八路军和抗敌剧社工作，并没有做地方工作和群众工作的经历，也没有地道战的体会，但却写出了以小李庄的群众工作为主要故事线索的《烈火金刚》，这主要得益于父亲从小在冀中长大，风土人情很熟。其次，八路军时刻生活在人民群众的支持和爱护之中。他对笔下的八路军英雄和可亲可爱的群众形象了如指掌。1943 年，晋察冀边区召开第二届群英会，父亲参加了大会的组织工作，英雄们可歌可泣的战斗事迹使他非常激动。当时父亲就以英雄们的事迹为素材写了一个多幕剧，获得了成功。通过这次舞台艺术实践，父亲萌生了一个愿望，就是用长篇小说的形式表现冀中人民在残酷的抗日战争中英勇斗争的壮丽画卷。只是由于严酷的战争环境，这个愿望一直未能实现。

中华人民共和国成立后不久，父亲被调到保定市文化宫工作，先后担任宣传部部长、文化宫主任，以后又调河北省文联工作。在和平的环境里，他有了创作的基本条件，就一面配合政治运动和经济建设创作一些小型作品，一面开始了《烈火金刚》的创作。当时的条件十分艰苦，白天工作一天，晚上在灯下写作，买不起稿纸，就用黄草纸，《烈火金刚》的初稿就是四个厚厚的黄草纸本子。1958 年，《烈火金刚》由中国青年出版社正式出版。

《烈火金刚》对八路军正规军技战术的分析描写，对日本侵略者战术的分析，对史更新、丁尚武的细腻刻画，以及对战斗的部署、地形的利用等，显然融进了父亲多年出生入死的战斗体验。对肖飞这个侦察员的描写，对他的战斗技能和智勇双全的刻画，当然有文学虚构，但同时也有父亲多年做侦察工作的切身体验。史更新、丁尚武、肖飞的性格和气质在父亲身上有着交叉重叠的显现。

已经出版的《烈火金刚》是父亲构思的整部长篇的第一部分，其故事和人物还要进一步展开。对史更新是想作为贯穿全书主线的人物去写，是想把他塑造成一个经过千锤百炼的金刚式的英雄。在残酷的对敌斗争中，他还要经受监狱斗争的考验，直到他指挥着部队参加全面大反攻。第一部中他的这些作用还没有来得及写出，因此使人感到有些虎头蛇尾。其次，应当提到的是《烈火金刚》初版本中有对丁尚武和林丽、肖飞和志茹的爱情描写，虽然篇幅不多，但在残酷的实际战斗中，人们的真实情感更容易得到表露，因此初版本的爱情描写显然更为贴近生活，更为真实。可是由于极"左"思潮的影响，在再版中基本删除干净了。《烈火金刚》出版后，引起了强烈的反响，再加上评书演员们的艺术表演，使这部作品家喻户晓。其发行量在中华人民共和国成立后的长篇小说中仅次于《红岩》，达到 300 多万册。

壮志未酬身先死

1959 年，刘流开始在河北艺术学院任教，讲授文艺理论和小说创作，同时担任《戏剧战线》的主编。这时，他听取了读者对《烈火金刚》的不少建议和意见，准备着进一步修改并进行第二卷的创作，同时构思新的长篇。一部是反映家乡几代人的兴衰史，写出家乡人民群众百年来不间断的反抗帝国主义侵略的斗争。另一部作品是以作者亲身经历为素材，描写一支革命武装诞生、成长、壮大的过程，描写几种不同类型的青年参加革命的曲折经历，定名为"红芽"。

父亲年轻时身体极好，经过千锤百炼，没有出过什么问题。到了三年困难时期，父亲已是四十七八岁的年纪，身体正在走下坡路。早年因战争环境身体极度透支，此时又因工作紧张、营养不良，身体一下子垮了。严重的神经官能症、贫血、牙神经抽搐甚至影响到正常工作。《烈火金刚》出版后，由于印刷数量大，稿费较为可观。但父亲对钱财一向看得很轻，竟主动提出不领工资，靠稿费生活，如此有两年时间。后来身体状况不见好转，作品数量减少，才又恢复了工资待遇。父亲以顽强的毅力克服疾病的折磨，写出《红芽》第一部约 20 万字，1964 年下半年在《河北文学》上连载。此书未及定稿，"文革"就开始了，创作被迫中断。这部作品除已发表的章节外，其余底稿已不知去向。

"文革"开始，父亲到河北文联参加运动，母亲和我们则在北京，其后我和姐姐上山下乡。由于没同父亲在一起，"文革"中父亲的情况是以后才渐渐知道的。与一般文化界知名人士一样，父亲难逃厄运，挨打、挨斗、关牛棚、隔离审查都经受了。《烈火金刚》也遭到批判，一些人还到他的家乡去折腾，在河间县批他，批《烈火金刚》。父亲隔离审查后就下了干校。干校繁重的体力劳动使父亲本来就病弱的身体更加不支，以致发展到尿血、肺气肿，只好回家养病。

"文革"对文化人来讲真是一场灾难，在南京炮兵学校时期，他曾被迫加入国民党，虽没有参加任何组织活动，三个月后被除名并断绝了组织关系，然而这成了父亲一生的沉重负担。其次就是父亲反复批判自己"根深蒂固"的个人奋斗思想和个人英雄主义。

父亲有一个日记本，没有写年代，只记了月日，写于"文革"初期。十几天的日记中，除抄录毛主席语录，大部分是写他的"思想问题"，因自己有四个存折而产生了负罪感，每天都想找工宣队的领导谈，要把这存折交出去，为此寝食不安。好容易得人家的空，与工宣队领导谈完了，将存折交了党费，心里总算是一块石头落了地。但因失眠、尿血，他的精神很差，身体虚弱，毛泽东的《为人民服务》总背不好。这就是那时"牛鬼蛇神"的心理状态与生活。

"文革"后期，"四人帮"将意识形态领域搞得极其混乱，一会儿批林批孔，一会儿评《水浒传》批宋江，而且各行各业都要批，要表态。一会儿又批资产阶级法权，甚至领工资和在银行存钱都成了有剥削行为的罪人，搞得人人自危，如履薄冰。当时，我也感到了父亲思想的矛盾和无所适从，甚至暗暗觉得有些可笑。父亲的稿费全部上交党费后，家里已没有存钱，父亲每月工资降至90元。从我们姐妹参加工作后，母亲开始存一点钱，以备治病和养老之用。但父亲认为大错特错，和母亲吵架，一定要让母亲取出来，认为放在银行吃利息就是剥削行为。父亲在他生命的最后几年，除了开会学习政治、紧跟形势、不断写学习体会外，还念念不忘要写《烈火金刚》第二部，要写完《红芽》。但"文革"期间，医疗条件很差，父亲医疗关系又不在北京，看病更加不易。那时"革命"至关重要，人是要为革命而活的。现在想来，父亲的生命似乎很轻易地就结束了。往事已矣，唯有心痛。后来我常常想，假使身体情况允许，父亲的作品写出来了，以他当时思想被禁锢的状况，作品的情况又会如何呢？又假使父亲身体健壮，能活到改革开放可以自由思想的年代，那他的作品又将如何呢？是的，事情是不能假设的，一代叱咤风云的义勇军老战士、文坛老兵，在 1977 年春节前黯然病逝了，年 63 岁。

1948 年中秋之夜，父亲曾写下了《月下思征》一诗，这时他已转到地方工作，离开了熟悉的部队，放下了手中的枪。但是在人民解放军同蒋介石军队决一死战的隆隆炮声中，他按捺不住跳跃的心，那时他还是一个 34 岁的年轻人。

我自学成才的文字生涯

————

李　准

成吉思汗大将木华梨的后代

我是蒙古族人，是成吉思汗大将木华梨的后代。木华梨原居住在内蒙古达赉湖畔，过着游牧生活，后因战功被封为"中国国王"。不过我们已经汉化了，只记个姓氏。我们家住的洛阳下屯村，在清朝被称作鞑子村。

我的祖父、伯父、叔叔先后都做过教师，我们一门三教师，诗书气味很浓。每天晚上全家人坐在一块儿，谈得最多的是历史故事。这些故事讲的多是《三国演义》和《东周列国志》上的人物。我家客厅里放着两部草版书，一部是《康熙字典》，一部是《三国演义》。什么诸葛亮、张飞、关羽、曹操、孙权、吕布这些人物，我从小对他们就颇为熟悉。我的历史知识比较丰富，大多得益于这个家庭。我曾经说过，我熟悉古人的传记要比今天的人多得多，我有3000个古人"朋友"，这大约和我后来能写那么一些不同性格的人物有密切关系。

未竟的中学学业

我 1928 年出生，母亲为了让我能长得结实、强壮，为我取名为铁生。我上学比较早，5 岁就到麻屯镇古路沟一所小学读书。在学校，我十分爱玩，但记忆力很强，属于那种过目不忘的儿童。一次，同班的一个同学同我比赛背诵《三字经》和《弟子规》，结果两人把两本书从头到尾都背得滚瓜烂熟，竟然不分胜负，我虽然没输，但也没赢，有点不服气。我提出我可以倒着背，结果把《三字经》倒着背了下来。从此以后，人们都称我为"神童"。1940 年秋季，洛阳县常袋镇成立了一所"达德中学"，我在麻屯小学还没毕业，便考入了这所中学秋乙班。我在小学和中学，阅读了大量旧小说和课外书籍。中学时我和几个"小说大王"比较过，从《封神演义》《东西汉演义》到大、小"五义"、《彭公案》《施公案》，直到清朝的《镜花缘》《老残游记》等，我共读过 300 多部旧小说。这些旧小说丰富了我的知识，也耽误了我的正式功课。到了 1941 年，河南开始大旱，庄稼旱坏没有收，家里连红薯面也供不起了，父亲就让我回到老家，不再继续上学了。

当时我 13 岁，什么农活也干不了。听说西安几个国立中学招收灾区学生，这些国立中学管吃管穿，我便串通了水泉村的表兄杨灿文、杨青元和李瑞等，跑到西安去考国立中学。

我们从洛阳出发，背着行李，带着干粮。这是我第一次出远门。出洛阳挤上向西去的难民火车，活像沙丁鱼罐头一样，一个紧挨一个挤在火车上。当时的陇海线是一条"饥饿的走廊"，从黄泛区逃出来的难民，成千上万躺在铁路沿线。这种大饥荒的惨状，给我幼小的心灵留下了深深的伤痕。

到了西安，去南院门国立中学报到处，得知人家只收沦陷区学生，不收河南灾区学生。后来我们又用孟县淮庆土语去报名，仍然不收。在西安流浪了一个秋天和冬天，花光了最后一分钱。别的人都有亲戚在那里，他们有地方吃饭，我只好只身扒上火车回到洛阳老家。这时，大旱灾仍然在继续，父亲决定让我去当学徒，主要是找个吃饭地方，能保住命就行。我被送到洛阳东车站附近一家"恒源盐栈"里当学徒。两年后，洛阳沦陷，盐店被迫倒闭，我又失业了，只好回到洛阳乡下老家。

一把芝麻开始的婚姻

到了这年冬天，我在乡下结了婚，这时我 16 岁。

我的妻子叫董冰，是个乡下姑娘。她家是自耕农，有二十几亩地。我岳父是个庄稼里手，为人厚道，朴实正派。结婚前，大姐、二姐帮着把我家一间破旧的房子刷了刷，用泥把里边修补一番，顶棚重新搭了又糊上泥，破旧的门还重新涂了一遍漆。那几天真是把我累坏了。因为结婚忙了好几天，结婚那天晚上一闲下来，觉得胃里很不舒服。看着又瘦又小的董冰，心想我这一生将要与这么个小丫头共同度过，心情很复杂。我担心，我们这一大家做大锅饭的担子，她一个瘦弱的肩膀能担得起来吗？董冰自己也是很害怕的样子。我面对她说的第一句话是："啊，胃酸，难受！"她赶忙问："你怎么了？"我说："胃酸，想吐酸水。"她马上告诉我："胃酸，嘴里嚼点芝麻就行了。"我赶紧找奶奶要了点芝麻放在嘴里，一会儿果然不痛了。我奇怪她这个 16 岁的小姑娘，居然会治病，真是穷人家的孩子早当家，懂事早。我们两人苦命的婚姻就从这一把芝麻开始了。

按习惯，结婚的第二天，新媳妇就要下厨房。当时没有钟表，董冰想睡又不敢，总怕起晚了。为了做我们一家二十几口人的饭，董冰吃了不少苦。其实，我母亲不像人家的婆婆，她对董冰很好，时不时就帮她干。母亲与董冰很有缘分，几十年下来，婆媳关系一直相处很好，她们显得比母女都亲。

一篇轰动全国的小说

日本投降之后，我来到麻屯镇父亲的杂货店中帮忙。这个杂货店是镇上的邮政代办所，我在里边主管邮政业务。每天负责收信发信，分送报纸、杂志，这给我带来了一个极好的学习机会。每天能读到《大公报》《中央日报》《扫荡报》《华北新闻》等报纸，还能读到《观察》《书报菁华》等十几份刊物。这时，洛阳市办起了几家小报，其中有《行都日报》《阵中日报》等，这几份报纸我当然是每天必读，特别是它们的副刊。1946 年，我试着写了一篇历史小说《金牌》，有一万多字，托邮差捎到洛阳《行都日报》编辑部。我当时根本没有想到会发表。可是过了没几天，《行都日报》辟了专栏，竟然刊登了。当我拿到报纸，看到用铅字印出来的文章时，大声喊叫出来……

1952 年，我调入洛阳市干部文化学校做教书工作。那时候，我在课堂上讲赵树理、孙犁等的小说，也读了秦兆阳、马烽、康濯等的不少小说，觉得实在有些技痒。凭我的文学素养和生活积累，我觉得我也可以写出这样的小说。1953 年上半年，我连续发表了 10 篇短篇小说，大多发表在《河南日报》上。这年秋天，我的《不能走那条路》在《河南日报》上发表之后，在河南影响很大，几乎到了家喻户晓的程度。很快，《长江日报》转载了这篇小说。一个月后，《人民日报》加"编者按"又全文发表。后来我才知道，《人民日报》的"编者按"是毛主席亲自加上去的，他对小说给予了很高的评价。这之后全国 30 多份报纸、20 多份刊物相继转载，还选入这年的初中语文补充教材。当时单行本的小册子就印了几百万册。这年冬天还编成曲艺、坠子、话剧、豫剧、河北梆子等，第二年又改编成电影，由老导演应云卫拍成影片。后来，我虽然写过 20 多部电影，将近 200 万字的长、短篇小说，但其轰动情况，都赶不上这篇一万多字的小说。

我想，我也能写电影

在我的作品得到社会上普遍承认以后，河南省文联有人主张把我调去当专业作家，但也有人说，省里出这么一个青年作家不容易，调上来后，脱离了生活，反而会写不出东西来。正在这时，陈荒煤调到文化部电影局当副局长，负责电影创作。他决定从河南调两个年轻人到北京学习电影。我因此被送到北京学习。

在北京学习，我认识了白桦、黄宗英等。在创作班学习时，给我印象最深的是洪深老师，听过他的课，终身不忘。在电影剧本的写作技巧上我受他的影响最大。再有蔡楚生给我的印象也很深，他主要给我们讲三部名作：《乡村女教师》《夏伯阳》《一江春水向东流》；同时让我们大量地看各种电影，看过之后进行讨论谈感想。三个月学习结束后，我又回到河南。从那时起，我想，我能写电影，而且一定能写好！

1954 年，我调入河南省文联，开始当专业作家。1980 年，又调入中国作家协会，还是当专业作家。几十年中，我先后写了《冰化雪消》《李双双小传》《黄河东流去》等小说；《老兵新传》《李双双》《牧马人》《高山下的花环》等电影文学剧本。

前些年我不幸害了一场病，经过三年治疗锻炼，身体已大体上恢复。现在，我每天还能写 2000 字。我将写一些新的历史人物，特别是要探讨一下中华民族在盛唐"黄金时代"，为什么创造出那样举世无双的光辉灿烂时代！为什么又那么迅速地烟消云散！

邓友梅：为文得寸进尺，做人退让三分

张　辉

"我不幻想自己作品有多大政治价值，多高思想水准，只要有益于世道人心。"

邓友梅的作品与他的经历密切相关。

他1931年生于天津，少时只上过四年小学。11岁那年，父亲失业，全家人回到故乡山东平原县，邓友梅成为八路军的一名小交通员。1943年，为逃避日寇的追捕，他跑回天津，流浪在街头，为招工者所骗，被强行运送到日本山口县的一个工厂做苦工，受到各种非人的折磨。第二年，历尽千辛万苦后返回祖国。这一段经历成了日后他创作《别了，濑户内海》《他乡遇故知》《喜多村秀美》等海外题材小说的素材。

14岁时，邓友梅再度入伍，本想学当电报员，正好新四军文工团需要小演员，因为他会说普通话，即被调进文工团，成了一名"文艺工作者"，用他自己的话说，他走进文艺圈纯粹是"服从命令听指挥"。在文工团，演戏就要背剧本，几年下来，肚子里装进一叠剧本，还顺便养成了读书的习惯，为以后的写小说编故事打下了基础。"解放战争打响后很少演戏，不读剧本我就读小说。战争中一切缴获都归公，唯独破书乱纸公家不要。我参加打扫战场，常能见到小说。欧美、苏联的翻译小说，线装的石印的话本传奇，武侠言情，福尔摩斯，什么都能碰到。捡多了背不动，就要选择。我那时还没有'政治挂帅'的觉悟，唯一选择标准就是'好看'。""今天回想起来，我的'好看'似乎有两个条件，一是有趣，二是有益。这个'益'不是政治意义上的'益'，不论是道德上、文化上、心理上、感情上、知识上，只要起点惩恶扬善效应都算有益。"

就是这些"好看"的书籍为他提供了丰厚的文学滋养。1950 年，他成了北京市文联的一名编辑。当他拿起笔来写小说时，也即以有趣有益为标准。他说："我不幻想自己作品有多大政治价值、多高思想水准，只要有益于世道人心。"

1956 年 5 月，毛泽东提出了"百花齐放，百家争鸣"的文艺方针。正是在这一年，邓友梅创作了短篇小说《在悬崖上》。这是一篇爱情小说，以对人性、人情的大胆描写而引起文坛的关注。它与王蒙的《组织部新来的年轻人》、宗璞的《红豆》、陆文夫的《小巷深处》等被称为这一时期文坛上积极干预生活和表现人性人情的代表作。当时的邓友梅刚刚 25 岁，正是踌躇满志准备大显身手的年纪。但是，随着 1957 年"反右"斗争的开始，这批"鲜花"旋即变成"毒草"，受到严厉批判。邓友梅也因此被打成"右派"，下放工厂劳动改造，长期被剥夺了写作的权利。

"为文得寸进尺，做人退让三分"

他再提起笔来写小说已是 22 年之后了。1978 年，《我们的军长》获得全国第一届优秀短篇小说一等奖。

这时他早已过了不惑之年，他开始思考以后的道路。如果说，他当初走进文艺圈是"服从命令听指挥"，把写作看成革命工作的分工，那么，这时写作已成为他自觉的选择。他认为，写作与做人正好相反。做人要谦虚，要以人之长比己之短，善于看到别人的长处，向人家学习。而写作却要以己之长比人之短。找到自己的长处，才会有所成就。比如，王蒙生长在知识分子家庭，被打成"右派"后发配到新疆，他写知识分子和边疆生活最拿手；刘绍棠在京郊农村长大，被打成"右派"后又回到农村，他描写乡村生活最地道。而他自己，虽有军旅生活的经历，但能写战争题材的作家很多，也出了一大批好作品，自己很难再超越他们。但是，他也有自己最熟悉的生活。当年初进北京时，北京还保留着古都的面貌，他看到了老北京的生活方式。并且，他参与了对老北京的一些改革。被打成"右派"后，留在建筑公司改造。每天下班后路过天桥，闲来无事时就在那里转转，听两段评书；再说，一起劳动的也都是老北京的市民，什么老警察啦、皇族后裔啦……可以说三教九流无所不有。正像他说的，"我从十一二岁就步入社会，从中国到日本，从旧社会到新中国，有过各种悲欢经历，结交了各类朋友，还有过些左道旁门的杂书，写一点世俗民风、细民琐事、人情冷暖、世态炎凉，比起那些经历较我单纯的同事就有些便宜。我在北京住了数十年，这地方几百年来都是中国首都，许多重大的历史变故都在普通市民身上留下了烙印，并且形成了它独特的语言风习"。

于是他尝试着用北京口语写北京人的生活。先是写了一篇《话说陶然亭》，想不到引起很大反响。这给了他鼓舞，他几十年的生活积累被激活，从此一发而不可收拾，先后又写出《那五》《烟壶》等一系列表现老北京市民文化和风俗民情的小说，连续五次获全国中短篇小说奖。正是这一批小说使邓友梅"找到了自己"，也正是这一批被称作"京味文化小说"的作品奠定了他在中国当代文学史上的地位。这些作品所蕴含的独特文化价值和美学价值在当代文学史上是无可替代的。

邓友梅有一句名言：为文得寸进尺，做人退让三分。生活中的邓友梅平实、谦逊，有一件小事给笔者留下了深刻的印象。1997 年政协大会期间，正值"三八"妇女节，西郊宾馆驻地的委员们举行联欢晚会庆祝。晚会上，早晨刚刚从美国归来的舞蹈家刘敏翩翩起舞，掌声中邓友梅手持一枝鲜花走上舞台，很绅士地献给刘敏。爱开玩笑的作家张贤亮带头起哄："邓友梅委员真勇敢！"观众更起劲地鼓掌。回到座位的邓友梅向周围人解释："刘敏委员刚刚从美国回来就给我们表演，很辛苦的。"一脸的认真和严肃。这样地为别人着想，这样地心存善意，令接触他的人感到生活的快乐和温暖。这也是他的愿望："我这辈子吃了不少苦，受过太多罪，就希望这个世界变得更光明更美好。"

我和西北作家赵燕翼的交情

涂光群

赵燕翼，当代中国著名作家，擅长写小说、童话，著作甚多。曾长期担任全国政协委员、甘肃省政协常委，甘肃省作协、文联领导职务。退休后仍笔耕不辍。

1962 年初秋，在《人民文学》当小说组长的我，有机会读到甘肃青年作家赵燕翼投来的短篇小说《桑金兰错》，是负责西北片稿件的小说编辑毛承志推荐给我的。在此之前，赵燕翼在全国文坛已颇有名气。茅盾先生评论 1960 年儿童文学时，就曾对赵燕翼的童话《五个女儿》的"艺术技巧"倍加赞赏。接着《上海文学》连续发表了他的短篇小说《三头牦牛的下落》《老官布小传》而为文学界所注目。而今他主动给《人民文学》写稿，我自然很高兴。

仔细读完原稿后，留给我的第一个印象是：这是一篇具有浓郁地域和民族特色，而且艺术上相当成功的佳作。三审顺利通过。《桑金兰错》在《人民文学》10 月号发表后，立即得到文坛及读者的良好反映。文学评论家陈骏、阎纲等在 1963 年第 6 期《文艺报》上，给予肯定的评价，认为是反映甘肃河西地区藏族牧民生活风貌和精神品质、"很有特点"的优秀作品。对国外发行的《中国文学》杂志用英文、法文两种文字将其翻译登载。越南编译的《当代世界短篇小说选》也将其收入。迫至 20 世纪 70 年代初北京大学编印的文学教材，也将其入选。可见其影响的广泛。

《桑金兰错》讲述的是祁连山区草原上的藏族牧民，在 20 世纪 60 年代初收获牛毛季节里发生的一个生活小故事。主人公桑金兰错，是一位刚嫁到婆家，尚不为人所熟悉的美丽少妇。她身怀绝技，藏而不露。但到关键时刻，不得不"露一手"的时候，一鸣惊人，技压群雄，刹那间在斗牛场上，树起一座令人钦敬的巾帼斗士形象。作者摆脱了那一时代着力倡导的"文艺为政治服务"的羁绊，从生活中提炼、构思，尽情谱写了一曲婉转悠扬的高原牧歌，放手描绘了一幅色彩绚丽的藏区风情图画。作者通过人物个性的着力塑造及故事情节引人入胜的展示，不仅给读者很高的审美情趣，同时还折射出中国固有的"柔能克刚"的哲理之光，以及彰显了谦逊美德映衬下的英雄本色。

赵燕翼这篇力作，具有属于作者创作个性的非常独特的想象力和表现力。比如长达万字的一篇小说，主人公只说了六句话，每次只说了一个字，而这六个字都是重复的，实际她只说了一个字——"哑"！在藏语中，"哑"字是礼貌而谦逊地表示赞同的词语，包含着"是的""好""对啊"这样的意思。作者以其酣畅淋漓的笔墨，层层渲染，再加上这个一字千金的"哑"字，就把主人公的性格特征刻画得活灵活现，栩栩如生。

《桑金兰错》无疑是燕翼短篇小说的代表作。改革开放新时期，曾任《人民文学》主编，很活跃、有实力的作家刘心武，在给燕翼的一封信中称赞他的《桑金兰错》，是"精美的艺术品"（见《人民文学》创刊 40 周年纪念册题词）。不久前，中国作协评论家雷达在其编选的（中国）《百年百篇经典短篇小说》一书中，也收入了《桑金兰错》。他们都是很有见识的艺术评论家。

1963 年秋季，在主编张天翼倡导下，《人民文学》约请本刊经常联系的七八位青年作家在北京东总布胡同 22 号举办了一次小型创作座谈会，江苏的方之、陆文夫，甘肃的赵燕翼均应邀参加。常务副主编李季，请来了茅盾、叶圣陶、张天翼、吴组缃、邵荃麟、叶君健等多位老作家同他们见面、讲话。茅盾在讲话中还特别提到来自西部的赵燕翼的短篇小说《老官布小传》，对他表示关注。会议结束时中宣部副部长周扬来看望大家。有个有趣的小插曲，当大家的话题涉及王蒙时，周扬提议，可否将他从北京师院教学岗位上调出，放到生活中去，与群众接触，继续搞他的文学创作嘛！不久，王蒙果然去了新疆。后来燕翼据此写成了随笔《关于王蒙走西口》一文面世，对王蒙一波三折的坎坷人生，增添了一条他"亲闻"的史料。

1964 年初夏，编辑部派我去西北组稿，我先到兰州赵燕翼家。他一家四口住的是城里老旧的平房，室内陈设简朴，唯他的书房有一张古色古香的桌子，上面放着笔墨纸砚，还有根雕艺术品，使人感受到一种中国文化的氛围。赵燕翼说他爱用毛笔写作。得闲常去山林里捡一点枯树的根，自制成具有一点审美情趣、有生命动感的工艺品。可不，眼下我看见他桌上现摆着的根雕，是一座直立的人形狐狸，细腰丰乳，曲臂长腿，做舞蹈状；形象天成，很少斧凿痕迹，题名"山狐妖女"，给我印象甚深。谈吐中我觉得他多才多艺，知识面广，是一位淳朴的西北乡土知识分子。我请他同去青海，写作或采访，他慨然答应。一路上我对燕翼了解多些。他家曾是官吏兼书香世家，但到曾祖父去世时，家中已是"空留藏书万卷，却无隔夜之粮"。父亲只好带着全家回到农村老宅躬耕以养活全家。而耕作之余，家中仍不乏弦歌之声。祖父能诗文，擅长绘画雕刻。在家庭环境熏陶下，小燕翼自幼喜欢艺术。九岁时他捡到一根造型奇特的树根，七雕八雕，将其做成昂首奋蹄的一匹木马。祖父观后大加赞赏，特为其题写了百字铭文，中有句云："举足凌空，不借长风鼓翼；睥睨驽骀，等闲志在万里。"祖父的题词，终身鼓舞着燕翼自强不息的进取精神。燕翼的家乡，靠近藏区的天祝草原，故从小就熟悉藏、蒙、裕固等游牧民族风习。抗日战争时期，他少年投笔从戎，在山丹军马场服役五年，更加深了同少数民族的交往，为他后来写民族风情的文学作品，打下了扎实的基础。中华人民共和国成立后他成了专业作家，仍背起行囊，深入到河西走廊扎喜秀龙藏族牧区，重温青少年时代度过的游牧生活，激发灵感，开始写藏族生活的小说。收入《草原新传奇》（1964 年上海文艺出版社出版）一书的诸篇章，就是这样写成的。

到达西宁，青海省委第一书记杨植霖、宣传部部长午人都对《人民文学》来青海组稿表示热情支持。因为我是初次来青海，他们建议我们先去看看青海湖和游牧湖畔的藏族牧民，然后再去参观著名的塔儿寺。前一阶段的日程，就这样定了。由宣传部提供交通工具，青海省文联派诗人王歌行陪同我和赵燕翼到青海湖。我们坐在渔场的小轮船上，在湖上畅游了大半天。举目望去，辽阔的青色的"海"，连接着远处的雪山；幽蓝色波光浩渺的"湖"面，映衬出墨绿色的海心山；还有水天一色的落日夕照，至今还萦绕在我的梦中。船上的两餐，主人饷我们以现捞的新鲜的青海湖无鳞鲤鱼，还有炒大雁蛋，无不鲜美无比，别具风味。非亲身品味，难言其妙！

然而最难忘的是换了一只小木船后，在黄昏时将我们送至著名的奇境胜地鸟岛。那时鸟岛四面都是水，不像若干年后成了连着陆地的半岛，昔日风光不再。鸟岛有守护人，住在岛上的小帐篷中。我和燕翼、歌行三人也挤住这小帐篷里。外面不时传来海风呼呼和岛上咕咕雁叫。这样一个独特的夜晚，谁能成眠？淡淡的月色，我们走出帐篷，在岛上自由游荡。遍地是大小不同的鸟类下的大小不一的蛋，大都是一窝窝的，但也有零星散落地上的，据说是鸟儿自动逐出的不能孵化的"废蛋"。我们走出帐篷门时，守夜人嘱咐我们小心翼翼，不要踩着了蛋。他说零星的蛋不能孵化，你们可以捡一两只留作纪念。这个鸟岛上的"居民"，最多的是灰黑色斑头雁，翅膀张开时泛翠蓝色，很好看。还有个头小些的棕头鸥，再就是鱼鹰，别名飞贼，常偷抢其他鸟类窝中的食物。我们在时正值初夏，正是鸟儿"生儿育女"的繁殖季节。它们似乎总在忙个不停，往返海面和入海的小河口捕捞小鱼，或带回来喂食还未出窝的小雏儿。还有雄性之间为争夺配偶，强弱之间为叼抢食物或霸占地盘，纷纷攘攘，充满了活跃的生存竞争景象。但也有在一角安静孵卵的母雁，而雄的往往取站着半睡方式，以卫护其伴侣及后代。同一种鸟类，各占一方，同飞同息，具有它们的群体性，维护着各自的领地，免受外敌侵犯。我们是在鸟与鸟层层包围簇拥之中近距离观察它们。但我们很安全。燕翼很满意这特殊难得的鸟岛之夜，不知是否为他创作童话、儿童故事提供了灵感？我们还各捡了两只足有拳头大的斑头雁自动剔除淘汰的蛋，留作纪念。

告别鸟岛，回到青海湖渔场。司机送我和燕翼去公路南侧藏族牧人的帐篷里做客。可能他们事先打招呼了，两行骑马的藏胞夹道远迎我们，还敬天地人三杯青稞酒，要我们当场一饮而尽，盛情难却，只好客随主便。我是头回走进藏胞帐篷。主人懂一点简单的汉语。我和燕翼当即被安排为贵宾待遇，席地（地上有藏胞自织的粗毯）坐于首席。我们向男主人询问一些生活生产方面的情况。主客气氛融洽。藏胞唱歌，他们轮换着唱歌，一杯又一杯朝我们敬酒（他唱在你面前，你就得饮一杯酒），这是相互讲礼。我忽然惊奇地发现，女主人摆出一摞考究的陶瓷龙碗，用手随地抓起烧火的干牛粪擦抹龙碗。这都在我眼皮底下，亲眼看着她反复揩抹擦拭，直到将瓷碗擦得明光闪亮。这才将铜壶里刚煮开的香喷喷的酥油茶，一一倒在龙碗里，恭敬地献给客人。

哦！这盛在用牛粪擦过的碗里的奶茶，你喝不喝？

许多年后，燕翼在一篇文章里，谈到顾颉刚先生在抗日战争时期，到甘南藏区考察，也曾遭遇这种尴尬场面。当时顾先生无论如何喝不下这碗茶，便趁主人不注意时偷偷将茶泼到帐篷地下的灰土里了。据燕翼事后对我介绍，过去的藏族牧民，认为晒干的牛粪是很干净的东西，用来擦碗最能除去碗里的油渍，根本不存在污秽不洁的观念。我虽然不习惯这样一种风习，但当着女主人那毕恭毕敬满面诚意的神态，便决定，不管怎样，也要爽爽快快地喝下去。我端起碗来，若无其事地一口口品尝着热腾腾的奶茶，确实品出了其味鲜美。我还学着燕翼的样子，拌了半碗青稞糌粑，有滋有味地吃起来（20世纪90年代，燕翼来京，他告诉我，如今的藏族牧民，已改用清水洗涤餐具，用干净的毛巾擦碗了）。我没料到的是，关于我这个来自北京的"贵宾"在藏族帐篷里大喝用牛粪擦过的碗里所盛奶茶而不皱眉头的平常事，竟被燕翼悄没声儿地特别写信给《人民文学》编辑部，将我作为尊重民族风俗习惯的"好榜样"予以表扬，该信还登在编辑部自办的一份小报上。我回去看见了大感汗颜！

接着，我们又游览了青海著名的藏传佛教圣地塔儿寺。其建筑及所收藏丰富的文物，充分展示了藏族宗教寺庙文化的精华。最难得的是还承寺管会破例，让我们参观了几个封闭的密宗院所，其收藏之丰富，欢喜佛造型之美妙、多样，除了布质绘画、泥塑彩像，还有回廊式的石质造型，这是藏族宗教艺术创造的高峰，可能在世界宗教艺术作品中，也是独一无二的。只是深藏秘闭，能够有机会欣赏它的人实在太少。燕翼常年跑藏区，自是司空见惯。他说甘南藏族自治州的拉卜楞寺，其宏伟的规模比之塔儿寺，有过之而无不及。听了真叫人向往不已！这里还需补充一点。告别青海湖时，渔场赠送我们两条足有一米来长的大鱼，作为礼物。那时三年困难时期刚刚过去，市面上食品供应还是相当紧张的，把这两条大鱼带回送给西宁的朋友们，将是难得的一份厚礼。然而那时我们都非常洁身自爱，严以律己。我和燕翼异口同声，婉言谢绝。那两条大鱼，便又重回渔场冷库去了。

我们返回西宁宾馆，开始第二阶段的日程。为了不打扰燕翼写作，我给他要了个单间（燕翼在青海的费用自然由《人民文学》承担）。我另住一间，以接待写"青海速写"的业余作者们。特邀的青海作家杨友德，则在自己家里写小说。为了做好"青海速写"组稿工作，杨植霖书记抽出时间专门给我谈了可爱的青海，讲了青海兄弟民族及生产建设各方面情况。我的组稿工作还算顺利，一周之内找了青海十来个业余作者，收获七八篇短稿，寄编辑部供其在 6 月号杂志上选发。"青海速写"专辑如期面世。其中解放军总后勤部驻青海某汽车团的汽车兵王宗仁，写昆仑山汽车兵生活的一篇在《人民文学》刊出后，作者大受鼓舞，后来成长为部队有名的作家。

燕翼那篇小说进展也不慢。他有个习惯，写作时爱在嘴里含一小块人参。他说人参提神，对脑力劳动大有裨益。但我不敢吃。我曾尝试过人参，觉得它上火，所以不宜轻易向燕翼学习。也许人参药力发挥了奇妙作用，燕翼一鼓作气，写出了一万多字的小说。他以牧区发生的雪灾为背景，写一个老牧人和他的孙女，在被大雪围困的绝境中，仍以琴声歌声互相鼓舞斗志，使整个作品自始至终充满了浪漫而悲壮的抒情意味，题目就叫"琴声三叠"。我看了很是喜欢，便与杨友德写的《女兽医》一并寄往编辑部。

青海的任务完成，我即离开（燕翼交稿后已先我离去，回兰州），经西安转乘长途汽车赴延安组织"延安速写"。我此次西北组稿20来天时间，等我回到编辑部才知道在传达、学习了毛主席关于文艺的两个批示后，编辑部在常务副主编李季同志设计下实现了革命化改革，包括在选题上更加强调，要"大写社会主义新英雄"。我回来后方晓得杨友德的小说用了，遗憾的是赵燕翼那篇没采用，并且已经退给作者。这大出我意料。但冷静一想燕翼这篇悲壮抒情的新作，可能有点不合时宜吧。相隔十年之后，燕翼重新改写了这篇稿子，题目改为"三月风雪"，先在兰州报刊发表，后收入1975年人民文学出版社出版的短篇小说选集《朝晖》。同年《中国文学》1月号译为英文刊发。1980年由人民文学出版社出版的赵燕翼中短篇小说选《冬布拉之歌》，《三月风雪》列为开篇，颇获读者好评。当年燕翼含着人参，辛勤播下的一粒艺术种子，经过岁月尘封之后，终于破土而出，开花结果了。

1977年10月，《人民文学》受国家出版局委托，组织了"文革"后第一次全国性的专业会议——短篇小说座谈会，不少著名作家到会。燕翼亦被邀参加。会议期间，燕翼和茹志鹃单独前往交道口沈宅，拜会了茅盾先生。他们在文学创作的道路上，都得到过茅盾先生的提携。这次晋见，茅盾扶病接待，勉励有加。三年后茅公逝世，燕翼以沉痛心情写了《学而不厌，诲人不倦》的悼念文章。

此后，燕翼先后被选为甘肃省政协常委、省人大常委及全国政协委员，并担任甘肃作协、文联领导职务，经常有机会到北京开会，我们之间可以说过从甚密了。燕翼从20世纪80年代中后期，逐渐将创作重点转向儿童文学。特别是童话创作成绩显著，作品连获大奖，其名篇如

《金瓜儿银豆儿》《小燕子和它的三个邻居》《鸟语学家》《白鼻梁骆驼》《铁马》等，先后被译为英、日、俄等国文本，还出了台湾版。

我和作家赵燕翼以文字之交，结下了深厚情谊，已将近半个世纪。燕翼生于 1927 年，比我年长几岁，是我兄长。回眸往事，不胜今昔之感。我祝他全家幸福、快乐。

汪曾祺：这个老头儿挺别致

———

姜异新

作为中国最后一个纯粹的文人和抒情性的人道主义者，汪先生本真为人，本色为文，其身上所特有的深刻而又平和的古典精神，是当今文坛非常稀缺的品质。关于汪曾祺的佳话已有很多，这里撷取点滴，足以使我们重逢一种久违了的真性情。

无论怎么打量，这都是一个长得蛮精致的老头儿，浑身上下透着中国传统水墨画才有的古朴淡雅劲儿。

87 年前的正月十五，肯定是个气朗天清的好日子。在江苏水乡高邮，诞生了以传统书香门第方式养育的最后一个才子文人，这就是汪曾祺。

汪曾祺的祖父是清朝末科的"拔贡"，功名略高于秀才。家里有两三千亩田产，还开着两家药店，一家布店。祖父很喜欢汪曾祺，有一次，汪曾祺不停地打嗝，祖父将他叫到一边，忽然说，我吩咐你的事，你做好了没有？汪曾祺使劲想了半天，也没想起是什么事，但嗝却不打了。祖父教汪曾祺读《论语》，写八股文，自豪地夸赞自己的孙子，如果是在清朝，肯定会中秀才，并赏给他一个紫色的端砚和好几本名贵的原拓本字帖。

汪曾祺的父亲汪菊生更是多才多艺，不仅金石书画皆通，还练过中国武术，是一个擅长单杠的体操运动员，一名足球健将。笙箫管笛、琵琶古琴，父亲样样在行，甚至还会制冥衣，糊风筝。平时在家养蟋蟀、金铃子，来了兴致，会与儿女们在麦田里尽情奔跑，用琴弦放风筝。

在汪曾祺的印象里，父亲以"懒"出名。他那裱糊的"四白落地"的画室里，堆积了很多求画人送来的宣纸，上面都贴了红签："敬求法绘，赐乎××。"母亲有时提醒："这几张纸，你该给人家画画了。"父亲看看红签，说："这人已经死了。"汪曾祺从小就喜欢站在父亲旁边看他作画，看他如何伸着长长的指甲在宣纸上划印，比来比去地构图、布局，这深深影响了汪曾祺的审美意识。

汪曾祺很崇拜自己的父亲，尤其喜欢他的率性、没有长辈架子。"多年父子成兄弟"是汪菊生的名言。17 岁时，汪曾祺有了朦胧的初恋，放暑假了，待在家里写情书，被父亲看见了。父亲不但不阻止儿子，还站在一旁帮着出主意。

对汪曾祺来说，大概唯一的遗憾就是没有见到自己的亲生母亲。在他很小的时候，母亲就得了肺病，在另一个房间里隔离着，不久就告别人世。但后来的两任继母，对汪曾祺都是疼爱有加，对待他像自己的亲生骨肉一样。

浓浓的亲情伴着汪曾祺长大成人，幸运女神对他依然情有独钟。在20 世纪烽火乱世的 30 年代，他竟然有幸考入西南联大中国国文系，授课的老师全都是来自北大、清华、南开的名家。朱自清、金岳霖、闻一多、吴宓、沈从文等皆成为汪曾祺的老师。刚刚走出书香门第，便直接步入国学殿堂，汪曾祺直接传承了大师们身上深厚的国学功底，可以说，中华传统文化底蕴在汪曾祺身上是浑然天成的。

自西南联大毕业后，汪曾祺曾到建设中学任教，并在那里结识了施松卿女士。这个比汪曾祺大两岁的女孩后来成为他的妻子。施松卿也是西南联大的高才生，开始在物理系，后转入英语系。1946 年，两人来到上海。正值内战期间，环境恶劣，因为找不到职业，汪曾祺情绪很坏，沈从文写信骂他："为了一时的困难，就这样哭哭啼啼的，甚至想到要自杀，真是没出息！你手中有一支笔，怕什么！"在沈从文的鼓励和帮助下，汪曾祺后来辗转来到北平，在历史博物馆谋了个馆员差事。

汪曾祺一生的故事没有跌宕起伏的情节，最大的坎儿莫过于 1958 年因为指标不够，被"补打"成"右派"了。连他自己都解嘲地说："我当了一回'右派'，真是三生有幸。要不然，我这一生就更加平淡了。"1958 年，他被下放到张家口沙岭子劳动，一待就是四年，在位于高寒地区沽源坝上的"马铃薯研究站"，终日画《中国马铃薯图谱》和《口蘑图谱》。这样寂寞单调的生活，他却回味无穷，感叹道，"真是神仙过的日子。没有领导，不用开会，就我一个人，自己管自己"，而且，"像我一样吃过那么多品种的马铃薯的，全国盖无第二人"。铁凝特别为汪曾祺的这段经历感动，她说，一个对土豆这么有感情的人，他对生活该有怎样的耐心和爱？汪老从容地东张西望地走在自己的路上，抚慰着这个焦躁不安的世界。可惜，《中国马铃薯图谱》这部奇特著作的原稿在"文革"中被毁掉了。

别看老头儿恬淡，其实有着异常刚性、清醒的一面。当年，邓友梅、林斤澜被打成"右派"，平时与邻居打个照面都不敢搭腔，而彼时的汪曾祺正被江青赏识，成为样板戏《沙家浜》剧本改编的主笔。逢年过节，汪曾祺把林、邓二人接到西郊自己家中，亲自下厨，做几个菜，招待老朋友。邓友梅就问汪曾祺："你现在是大红人，和我们俩搅在一起，不怕沾包儿啊？"汪曾祺说："咳，江青用我，就是用我的文字，我心里呀，跟明镜似的。"邓友梅后来感激地说，在那个年代唯一接待我们俩的就是汪曾祺。

生逢乱世，怎么可能没有苦难和窘境，实际上，是汪老将一切青云与低谷完全看淡了，举重若轻，而不是真的人生如坦途。平淡是个很不容易实现的境界，大部分人都是误将平庸当作平淡，即便经历丰富，也是庸庸碌碌了此生。问题的关键在心态。

汪老这个人，很通感，这样说不知是否合适？但我们确实能感受到他敏锐的触角，在生活与艺术之间可爱地伸来伸去，传递着几多眷恋与多情。创作的时候，他经常用美食作比喻，比如，他说，"使用语言，譬如揉面"，"抒情就像菜里的味精一样，不能多放"。而在苦闷生活中，他常常用超然的艺术美来愉悦自我。他把批判当成在出演一部荒诞喜剧，他把检查材料当成一篇篇美文来书写。平淡是汪老的压轴菜，让人从中品出人生的隽永。

通感更进一步就是通达。汪老一生随遇而安，知足常乐，从不怨天尤人。他到老也没有自己的房子，不是住爱人单位的，就是住儿子单位的，从来没享受什么局级干部待遇，但他也从来没有在乎过。老之将至，很多人都直呼他"老头儿——"潘旭澜头一次听到这样的称呼，很愤愤，说，怎么能叫人家"老头儿"，这在南方来讲，是不礼貌的，不尊重人。但在汪老家，从夫人到儿女，乃至孙子孙女都可以这样叫他。"多年父子成兄弟"也是汪老对待子孙的态度，无论何时何地，对待晚辈，对待年轻作家，他都是平和亲切、顾盼有情的，洋溢着一股其乐融融的祥和气。

向汪曾祺求书画，是件很容易的事情。老头儿一高兴，就会自投罗网，主动说："我给你画幅画好吗？我给你写幅字好吗？"

很多人弄不明白，为什么有很多女孩子喜欢汪曾祺。外出开会，无论走到哪儿，总有一群小姑娘围着他，趋之若鹜地向他讨画，甚至到了半夜 12 点钟还不走。北京作协名誉副主席、作家赵大年当年没敢向汪曾祺讨画，却扮演过为他轰赶女孩子的角色，嘴里还不停抱怨着："看把老人家给累得。"

有一次开会间隙，大家到温州某地划船，六七个人一条船，赵大年的船上都是男的，汪曾祺的船上却都是美女。这让赵大年纳罕至今，琢磨来，琢磨去，大概是因为汪老的文章有人情味、有人性、有爱心。爱人者，人见人爱。沈从文与汪曾祺的文章都颇受女孩子喜欢。为什么？因为他们都善待无雕饰的人性之美。文如其人这句话并不是用在谁身上都合适的，但对汪老却再合适不过。汪老手中这支别致的笔，必须碰到和他一样别致的伯乐，才能给中国文坛带来别致的风景。

1961 年，《人民文学》的编辑崔道怡在一堆来稿里看到了《羊舍一夕——四个孩子和一个夜晚》，不禁眼睛一亮。这篇小说，题目充满诗意，内容更有味道。当时崔道怡不知道汪曾祺的政治处境如何，仅从作品角度出发，他找到同事——沈从文的夫人张兆和，请她看看并提建议。张兆和当时就说，很好，最好找画家黄永玉作插图。很快，《羊舍一夕——四个孩子和一个夜晚》便刊登在《人民文学》上。18 年后，汪曾祺又写出《受戒》，这篇小说宛如一块温润的碧玉，给焦躁不安的中国当代文坛带来了久违的清新和亮色，带来了安宁与和美。崔道怡激动万分，称之为可以传世的精品。由于种种原因，这篇作品未能获奖，崔道怡将其收进自己编辑的"获奖以外佳作选本"。当《大淖记事》荣获 1981 年全国优秀短篇小说奖时，有人认为它结构不完美，崔道怡却觉得结构别出心裁。事隔多年，汪曾祺深有感触地说："我的作品能得到老崔的欣赏，我就像喝了瓶老酒似的从心里往外舒坦。"汪曾祺非常自知，说自己"充其量是个名家"。他生前比较在乎和认可的文坛评价，是将他定位为"20世纪中国最后一个纯粹的文人"。他也经常调侃自己是中国最后一个士大夫，大千世界里的一个游客。面对当时文坛盛行的现代派、先锋实验等西化潮流，汪曾祺说，"我的作品和我的某些意见，大概不怎么招人喜欢。姥姥不疼，舅舅不爱"，但"我仍将沿着这条路走下去。有点孤独，也不赖"。

由名家变成大家的潜力，是自汪老去世后才真正显示出来的。实际上，在经历了"文革"可怕的文化断裂后，是汪曾祺让民族传统和现实主义返老还童，重新焕发了生机。

别致如汪曾祺有着浓重的个人癖好，因为他对生活有深厚的挚爱。汪老把自己的业余爱好总结为：写写字、画画画、做做菜。当汪老生命的最后一刻，回光返照的时候，还让家人回家取老花镜来，他要看书。他临走前的最后一句话是——给我来一杯碧绿透亮的龙井！老人去世后，他的遗像前就搁了一把酒壶、一包烟。

汪曾祺喜欢喝酒，是有渊源的。他的祖父没事就爱喝点酒，只一个咸鸭蛋就能喝上两顿，喝到兴头上，还一个人躲到房间里，大声背唐诗。父亲就更不用说了，汪曾祺十几岁时就和他对座饮酒，一起抽烟，父亲还总是先给他点上火儿。在西南联大的时候，汪曾祺没少喝醉过。有时候，肚子饿了，跑到沈从文宿舍对面的小铺吃一碗加一个鸡蛋的米线。一次，他竟喝得烂醉，坐在路边，被沈从文看到了，还以为是个生病的难民呢，走近一看，竟是自己的学生，赶紧和几个同学把汪曾祺架到宿舍里，灌了好些酽茶，这才清醒过来。

上了岁数之后，汪老仍然爱喝酒，可是老伴不干，经常为喝酒的事，召开家庭批斗会批判老头儿。有一次，汪老偷偷摸摸去买酒，人家暂时没零钱找，欠他五毛。汪老忙说："不必找了，不必找了。"抬脚就走人。第二天，汪老夫人下楼去买菜的时候，卖酒者擎着五毛钱，冲她大喊："你们家的大作家来我这里买酒了，这是我欠他的五毛钱，现在还给您。"这下可坏了，露馅了，老太太一回到家就开始审汪老。

老太太对汪老有三种称呼，平常状态下是拉着长腔叫"老头儿——"亲热的时候，叫"曾祺——"碰到这样的时候，汪老会特别开心；如果忽然来一声"汪曾祺！"老头儿心里就直发毛——要坏事，要坏事。

这天，老太太拉着脸高声喝道："汪曾祺！"汪老立刻像个做错事的小学生一样，心里直打鼓，双手也不知该往哪里放，还琢磨呢，最近没偷着买酒喝啊，又咋啦？正纳罕间，只听见老太太连珠炮似的向他发难："你不但在家里公开喝酒，炒菜的时候偷料酒喝，还瞅机会到宴会上去喝个痛快，现在居然敢自己跑到小酒馆去喝！"汪老赶紧辩解，没有的事啊！老太太立刻拿出汪老刚发表的短篇小说《安乐居》，戳到老头儿鼻子尖下面，质问道："还敢嘴硬，有小说为证！没喝怎么会写得这么好啊！"这下老头儿哑巴了。

汪曾祺一辈子创造美文，制作美食，奉献美。他不是那种只会吃不会做的半吊子美食家，而是既会吃又会做，喜欢粗菜细做，特别是拌菠菜。在《自得其乐》一文中，汪老悠然写道："我曾用家乡拌荠菜法凉拌菠菜。半大菠菜（太老太嫩都不行），入开水锅焯至断生，捞出，去根切碎，入少盐，挤去汁，与香干（北京无香干，以熏代干）、细丁、虾米、蒜末、姜末一起，在盘中团成宝塔状，上桌后淋以麻酱油醋，推倒拌匀。有余姚作家尝后，说是'很像马兰头'。这道菜成了我家招待不速之客的应急的保留节目。"汪老还自我发明了小吃"塞肉回锅油条"——"油条切段，寸半许长，肉馅剁至成泥，入细葱花、少量榨菜或酱瓜末拌匀，塞入油条段中，入半开油锅重炸。嚼之酥脆，真可声动十里人。"

　　如此有声有色，真是让人忍不住咽口水。汪老做菜很简单，跟写小说一样，就一个主菜，四碟小菜。1996 年秋天，他请何镇邦吃爆肚儿。那时，何镇邦住亚运村，给汪老打电话说："老头儿，我打车过去 80 元钱，在这边什么吃不到啊，偏要吃你一顿爆肚儿。"汪老说："我这个爆肚儿可不是随便吃得着的，你看着办吧。"11 年过去了，过去对爆肚儿没什么好印象的何镇邦，至今还记得那汪氏爆肚儿的美味，真个是唇齿留香。

　　汪老这辈子最讲究的是意境，他这种追求渗透到生活中的一颦一笑，即便是在逆境中也能寻出美来，自得其乐。他的文章，读来好像都是些家常话，从来没有什么口号，却句句都是至理名言，我最欣赏这一句——"生活，是很好玩的。"无论怎么看，这都是一个很别致的老头儿，是个在一地鸡毛中，也能够做到诗意栖居的大家，是个对人间烟火充满了世俗趣味的出世者。

路遥：让我们聆听生命的绝唱

厚夫　欣雨

　　路遥的一生，既是短暂的一生，也是苦难与辉煌的一生，他以生命为代价，以血为墨著华章，弹拨了一曲生命的绝唱，激励了和正在激励着无数青年于逆境中自强不息，在苦难中搏击人生。透过岁月的风尘，我们努力地搜寻那些曾经的记忆，以此作为生者对逝者的永恒的怀念。

苦难童年：永难排遣的生命阴影

　　1949 年农历十二月三日，随着一声响亮的啼哭，陕西榆林地区清涧县的一个偏远山村里，一个穷苦人家终于迎来了第一个小生命。这是一个十分普通的生命，可是谁也没有想到，一个杰出的作家路遥诞生了。

　　当时，中华人民共和国才刚刚成立，到处都是战乱年代所带来的贫困与荒寒，大部分家庭都勒紧裤带，苦苦挣扎在饥饱线上，广大的陕北农村更是缺衣少食，生命难以维继。路遥就这样静静地来到了这个苦难的家庭，来到了这个让他魂牵梦萦的陕北黄土大地，来到了给予他短暂生命、让他带着无限遗憾、最终久久爱恋不忍离去的世界。他家住在山坡上，坡下有一道细细的小河沟。一条发白的小土路从他家一直穿过小石板桥，穿过黄褐色的川底，连向通往县城的公路。路遥就是从这条小路走出去，走向人生的辉煌。多年以后，路遥笔下的主人公高加林，也是从这条小土路走向县城，最后又从这条路走回自家的土窑洞。

就在这样一种没有一丝明亮色彩的童年记忆中，路遥渐渐长大。然而，就在他七岁那年，发生了一件令他一辈子也难以忘怀的事情。那时候，他的家里已经十分贫穷，穷到简直让人难以想象——家中共有一床被子，至于吃穿，则几乎接近叫花子状态。为了能让孩子们活得好一点，路遥的父母决定把他过继给延川的大伯。

一个秋天的早晨，父亲说带路遥去延川的伯父家玩玩。父子俩一路乞讨着上路了。路上，父亲用身上仅有的一毛钱，为他买了一碗油茶，喝完后，父子俩便继续赶路。两百多里的遥远路程，就这么一路艰辛走过，伴随着饥饿与复杂的心情。有人家的地方就讨点饭吃，没有人家的地方就在玉米地里掰些苞谷棒生啃着吃。等走到目的地时，路遥身上的衣服破了，脚上穿的一双布鞋也破了，脚也磨起了血泡。

在伯父家住了几天后，一天早上，父亲起来叫醒了儿子，说他要上集去，下午就回来，明天一块儿回老家去。路遥点点头，但是冥冥之中，他似乎感觉到父亲是要悄悄溜走。于是，小路遥就趁家里人不注意，抄近路早早地来到村边，藏在一棵老树的背后，等着父亲从路旁走过。终于他含着眼泪看到父亲踏着朦胧的晨雾，夹着个包袱，像个小偷一样从村子里溜出来，过了大河，上了公路，头也不回地走了！

多年以后，路遥在谈到当时情景的时候回忆说："这时候我有两种选择：一是大喊一声冲下去，死活要跟我父亲回去！……那时，我才是个七岁的孩子，离家乡几百里路，到了这样一个完全陌生的地方……我特别伤心，觉得父亲把我出卖了，但我咬住牙忍住了，因为我想到我已经到了上学的年龄，回家后父亲没有能力供我上学。尽管泪水唰唰地流下来，我还是没有跟上父亲走……"就这样，路遥留了下来，留在了一个完全陌生的地方，孤苦、迷惘、困惑……渐渐地，路遥就很少说话，成了一个内向而忧郁的人。

这就是一个年仅七岁的孩子的选择，一个普通孩子难以做到的选择！

路遥一天天长大了，他在伯父家一直度过了他的求学时代。伯父也是个农民，没有孩子，家里也很穷，只能勉强供他上完村里的小学。转眼到了1963年，路遥小学毕业了。这时，伯父家里的日子越发艰难起来，伯父实在无力再供路遥上学了，就不让他考初中了。但是，路遥倔强地想："不让我上学，我也要证明我能考上！"最终，路遥从几千名考生中脱颖而出，顺利地考上了当地的最高学府——延川中学。伯父坚决不让他去上学，为他收拾好农具逼他到山上去砍柴，要强的路遥把绳子、砍刀全部扔到沟里，硬是跑到县城上学去了。

整个初中三年，是路遥人生中最困苦、最难熬的一段生活经历，他是靠同学们的勉强接济，一天天读完中学的。那时候，他的生活没有保证，交不起伙食费，甚至连五分钱的清水煮萝卜菜也吃不起，而路遥又是长身体的年龄，那时候最大的愿望便是能吃上一顿饱饭。他最深刻的记忆便是整天饿得发晕、发疯！下课了，别的同学都到校园里去玩了，唯独他趴在课桌上，双手抱着肚子——饿得直不起腰来。他甚至感到自己的生命到了最后时刻……

记得有一次，他回到老家，母亲含着眼泪，用家里仅剩的高粱面和土豆丝为他包了一锅饺子，最后，煮沸的饺子一个个全烂在了锅里，站在灶台旁的母亲非常难过地转过身子哭了，而路遥却什么也没有说，只是噙着眼泪一口口强咽了下去……

路遥不仅忍受着饥饿的折磨，还要遭受周围家境好的孩子的冷遇与歧视。然而，饥饿和苦难，不但没有打倒他，反而激起他强烈的生命意识，造就了他坚强不屈的意志和自强不息的奋斗精神，还培养了他独立思考、善于观察生活的能力。渐渐地，人们发现青少年时代的路遥是一个爱幻想、爱思考、有主见的强者；他有着不服输的人生态度，别人做不到的，他也一定要做到。

童年时期这段苦难的人生经历，时刻积聚在路遥的心头，成为一种温柔而凄凉的回忆，成为路遥一生都难以排遣的生命阴影。后来，这段苦难的经历在《平凡的世界》《在困难的日子里》等小说中得到了真实而生动的再现。路遥后来回忆说："我们出身贫困的农民家庭——永远不要鄙薄我们的出身，它给我们带来的好处将一生受用不尽……不要怕苦难！如果能深刻理解苦难，苦难就会给人带来崇高感……痛苦难道是白忍受的吗？它应该使我们伟大！"

曲折历程：逐步踏上文学征程

1966 年，"文革"开始了，路遥刚好中学毕业，便回到乡村开始教书。后来，路遥被以群众代表身份推荐进了延川县革命委员会，并且担任了副主任的职务。这是 1968 年。无疑，这对路遥来说是一个重要的转机。然而，好景不长，由于一个偶然的原因，路遥被革职，重新回到农村。这件事对路遥的打击非常大，再加上刚刚失恋，情感上也遭受了挫折，所以，他当时万念俱灰，命运为何如此不公啊！可是，路遥并不甘心就这样度过自己的一生。

转眼到了 1970 年。这一年，路遥在延川县文化馆编辑出版的油印小报《延川文化》上发表了一首《车过南京桥》的诗歌，诗歌虽然带着那个时代的印记，但毕竟是路遥第一次写东西，他正在向文学的道路迈进，"路遥"这个笔名从此开始正式使用。《车过南京桥》在《延川文化》发表以后，陕西省群众艺术馆主办的《群众艺术》马上转载了这首诗。这对当时的路遥来说自然是一种莫大的鼓励，于是，他拿起笔来，开始了文学创作。由于他经常在《延川文化》上发表作品，所以，路遥在延川县也可以说是小有名气。

机遇往往垂青有准备的头脑。路遥的这种"名气"终于给他带来了新的机遇。

1972年秋天，路遥被调到延川县文艺宣传队当创作员，但他的身份仍然是农民。就在这一年，延川县上成立了"文艺创作组"，创办了铅印的文学刊物《山花》，由几个在不同单位的文学青年共同编辑，路遥便是其中之一。从此，他们自写、自编、自刻、自印，精心守护，满心期待着充满泥土气息的《山花》能漫山遍野地开放。在《山花》诞生十周年之际，路遥这样表白："就我自己来说，觉得好像又一次开始面对淳朴的生活，入列一种渴望已久的人情的氛围里，变硬了的心肠开始软了，僵直了的脑筋开始灵活了，甚至使自己面对过去几年正常的生活感到一种真正的羞愧……"是啊，多年以后，当路遥回眸人生的十字路口，仍然对《山花》满心感恩。

1973年，是路遥人生中最重要的一年。因为就在这一年，23岁的路遥几经周折，终于被推选到延安大学中文系就读，为真正迈向文学征程而跨出了最为关键的步伐。在延安大学，他在学好课程的同时，如饥似渴地阅读了大量图书，曹雪芹的《红楼梦》、柳青的《创业史》，以及鲁迅、列夫·托尔斯泰、巴尔扎克、肖洛霍夫、司汤达、莎士比亚、泰戈尔、恰科夫斯基等中外文学大师的作品。大量的阅读对于知识的积累与储备、视野的开阔与拓展起到了不可忽视的作用，也为路遥后来的创作打下坚实的基础。有一次，他在图书馆一角，瞪着双眼，呆呆地望着那一架架、一层层丰富的藏书，突然发现自己非常渺小，那么多藏书，都是人写出来的，你路遥写了一部什么书？那架子上，有你几本书？这种扪心自问，这种深深愧责，使得他从内心深处感到了对自己不满，他开始暗暗下定决心，一定也要像这些大家一样，拿出像样的作品来，否则就完全对不起自己。于是，他更加用功，夜以继日，废寝忘食，全身心地沉浸在阅读古今中外名著的快乐中。

终于，1973 年 7 月的《延河》发表了路遥曾刊于 1972 年《山花》的短篇小说《优胜红旗》。这是他公开发表的第一篇小说。以这篇小说为标记，路遥向中国文坛走来了。这年 10 月，路遥到西安，参加了《延河》编辑部召集的创作座谈会。从这时起，路遥开始接触柳青、杜鹏程、王汶石等著名作家，并有幸聆听到他们的教诲。在这些老作家中，柳青对路遥的影响最大，路遥也最崇拜柳青。《创业史》是路遥奉为经典的著作之一。写作《人生》时，他已经把这部作品研读了七遍。

路遥总爱丢东西，小东西不算，光有一年的冬天，他前后就丢了两件棉袄。陕北的冬天特别寒冷，农村的窑洞里一般都烧土炕，路遥去别人家里转，进屋时棉袄顺手一脱，走时便忘了。悲哀的是怎么也想不起丢到哪儿了，只得再买一件，而再买又是丢。待到数月后，又到人家家里去时，棉袄才被发现了，可这时候夏天也来了，棉袄也用不着了。但是，他的书从来不丢。他身上经常背着一个绣有"红军不怕远征难"诗句的小挎包，不论去哪儿，包总是不离身，包里的牙膏牙刷常常不翼而飞，可书却常在。尤其是那本蓝皮的《创业史》，总和他形影不离。而又过一年，他的《创业史》由蓝色书皮变成了橙黄色，问及原因时，他说那本已翻烂了。

如果说路遥在延川县是在为创作做生活准备的话，那么，他在延安大学的读书生活，就在为创作做理论和实践的准备。大量名著的阅读，给予他无限的精神感召，使他真正懂得了什么是文学的真谛，从而逐渐走上了文学征程。

弹拨绝唱：最终铸就生命辉煌

1976 年，路遥毕业后被分配到西安《延河》编辑部工作，由此，路遥开始了雄心勃勃的文学远征。

"无论沿着哪一条'皱纹'走进去，你都能碰见村落和人烟……"他以深沉严峻的历史眼光，敏锐地关注着生活在黄土地皱褶里的普通劳动者的生活变迁和悲欢离合；他把自己的全部感情都融汇到了普通劳动者的身上。

1980 年，路遥在《当代》发表了他的第一部中篇小说《惊心动魄的一幕》。这部作品一开始寄给了好几家刊物，都被退了回来。后来《当代》慧眼识珠，尤其是老作家秦兆阳的欣赏，使作品得以在这本杂志上发表。这部作品的发表使得路遥有了在中国权威文学杂志上展示自己的机会，从此他知道了自己的实力。后来，这部小说荣获第一届中篇小说奖，这是全国中篇小说的最高奖项。小说的获奖给路遥增添了前所未有的信心与动力，但他并不满足，他知道他可以做一件更出色的事，那就是写作《人生》。而真正使他从黄土地上崛起的也是《人生》！

为了创作《人生》，路遥进行了整整三年的构思准备。这年夏天，不到 32 岁的路遥以顽强的毅力，用 21 个昼夜创作完成了 13 万字的中篇小说《人生》。这是一场怎样的文学征战啊！"每天工作 18 个小时，分不清白天和夜晚，浑身如同燃起大火，五官溃烂，大小便不畅通，深更半夜在招待所转圈圈……"这个视文学为生命的人，已经把自己的所有都置之度外。他把稿件寄给了当时很有影响的大型文学期刊《收获》。

《收获》如获至宝，马上安排版面，在第三期显著位置发表了《人生》。在主人公高加林的身上，很明显有着作者自己的影子。这是一个在社会生活洪流中顽强寻找自己位置的人，一个不断同命运抗争的人，一个在灵魂深处不断进行搏斗的人！《人生》所反映的社会生活内容的广泛与深刻和城乡交叉地带人性的复杂与真实是同期作品中所少有的，从小说到路遥亲自担任编剧的电影甚至多种形式的戏剧，《人生》家喻户晓。最终，《人生》获得了《当代》中篇小说奖，不久又获得全国第二届中篇小说奖。《人生》轰动了中国文坛，获得了巨大的成功。

在巨大的成功面前，路遥没有被掌声与鲜花所埋没，路遥是清醒的。他马上整理思绪，继续在文学的漫漫征途中跋涉、前行。《人生》之后，路遥又接连创作了《在困难的日子里》《黄叶在秋风中飘落》《你怎么也想不到》等中篇小说，在更为广阔的时空背景下继续挖掘当代青年在城乡两极环境抉择中的心路历程。

1982 年，路遥离开了《延河》，开始从事专业创作。当时有一种论断，认为《人生》是他不能再逾越的一个高度。路遥是固执而要强的，他要用事实来证明自己。于是路遥说："我决定要写一部规模很大的书。在我的想象中，未来的这部书如果不是此生我最满意的作品，也起码应当是规模最大的作品。"这是一部被他作为礼物献给他"生活过的土地和岁月"的书。他为这部长篇巨著设定了基本框架："三部，六卷，100万字。作品的时间跨度从 1975 年初到 1985 年初，力求全景式反映中国近十年城乡社会生活的巨大历史性变迁。"三部书分别取名为《黄土》《黑金》和《大世界》。这正是我们现在看到的《平凡的世界》。

《平凡的世界》第一部在《花城》1986 年第 6 期发表以后，无论在理论界还是读书界，反响不像《人生》那样热烈，究其原因，一是作品仅仅是全书的三分之一，情节还没有充分展开；二是当时的文学风潮把人们的注意力引到非现实主义的作品之中，忽略了这样一部现实主义杰作的分量。路遥不为所动，以极大的艺术自信心沿着既定的路线往前走，又相继写作完成了第二部、第三部。整整六年，路遥燃烧着自己的生命，以惊人的毅力为世人铸造了皇皇巨著《平凡的世界》。而就在创作的过程中，病魔也阴险地缠上了路遥。随着《平凡的世界》一天天接近完成，路遥的身体也一天天垮下来。1988 年 5 月 25 日，在接近通常吃晚饭的那个时刻，体力日见衰竭的路遥为《平凡的世界》画上了最后一个句号。路遥从桌前站起来所做的第一件事情，就是把手中的那支圆珠笔从窗户里扔了出去。此刻的路遥泪流满面！

最终《平凡的世界》由中国文联出版公司出版，中央人民广播电台播诵了全书，中国电视剧制作中心将其拍摄成 14 集电视连续剧。有真知灼见的评论家认识到了这部作品在文学史上的重要价值，纷纷撰文给予高度评价，读者更是像当年喜爱《人生》一样喜爱上了这部巨著，反响强烈。紧接着，在 1991 年 3 月 9 日，《平凡的世界》最终从 700 多部长篇小说的激烈角逐中脱颖而出，以榜首位置赢得了全国最高文学奖——茅盾文学奖！

路遥，一个给人们奉献了如此杰出著作的人，完全有理由得到人们的敬重与热爱！在路遥身上，也表现出了许多与众不同的脾性，如他对雨和雪特别的钟爱与痴迷。每当雨天或雪天，他便呈现出莫名其妙的狂喜，总要抒发一些心中的畅快。若是小雨或小雪，他就独自在雨雪中漫步；若是大雨，他就在窑洞里静听哗哗的雨声。那种享受和满足，只有路遥的内心深处才能体味得到。路遥吃饭也不讲究，但是他最爱吃的是家乡饭，如洋芋馇馇、豆钱钱、揪面片等；对酒宴大菜，他倒没有兴趣和胃口。往往和朋友一起在酒店里吃过后，他总是要在地摊上再买一碗面片才能填饱肚子。他吃饭虽然不讲究，但是抽烟却很讲究。他平时口袋里装的都是高级香烟，而且一段时间只抽一种固定的牌子，过段时间再换另一种。仅仅在写《平凡的世界》六年中，他就换过好几种香烟。先是"恭贺新禧""红双喜"，后是"红山茶""红塔山""阿诗玛"，在抽烟的时候，还要掐掉过滤嘴。

1992年8月1日，西安到延安的火车正式开通了。8月6日清晨，与陕北割舍不开的路遥，孤身一人离开他在西安的家，登上了开往延安的火车。这时候的路遥已重病缠身。就在快到延安的时候，路遥病倒了，被人们抬着走下火车，随后就住进延安地区人民医院。在将近一个月的时间里，医生用尽了各种方法治疗路遥的肝病，但却不见效果，进入9月，病情一天天加重的路遥不得不转入西京医院治疗。

然而，经过两个多月与死神的激烈抗争，最终，1992年11月17日凌晨5点，路遥在"爸爸最好……妈妈……最亲……"的轻轻呼唤中离开了这个让他无限爱恋与牵挂的世界！路遥走时，离他生命的第43个年头仅差16天。

路遥永远地离开了我们！人们没有忘记路遥，他的骨灰已经安葬在母校延安大学的"文汇山"，学校还修建了由著名作家王蒙先生题写馆名的"路遥文学馆"。他的生命以作品的形式得以延续，从这个意义上说，路遥是永生的。这个从中国北部最贫穷的山村里走出来的孩子，这个从一出生就伴随着苦难的汉子，以他诚实的劳动，诠释了"像牛一样劳动，像土地一样奉献"的人生真谛；以一种不屈的抗争精神，赢得了无数读者的尊敬与热爱。

回忆路遥在榆林的往事*

———

朱合作**

初识路遥

我是 1975 年 11 月在西安认识路遥的。

1975 年 11 月中旬，省里召开了一次短篇小说创作座谈会。会议已开始好几天了，当时在延安大学中文系上学的路遥竟然还没有来。在那时人们的心目中，在全省文学（作者）队伍中，数一数二的就是陈忠实和路遥，因此，路遥的迟到自然会引起人们的注意。一天，听当时《陕西文艺》编辑部小说散文组组长路萌老师说，路遥来了，于是我便跑出去看他。

那时路遥站在楼道里，身上穿了一件黄大衣。我问他为什么不穿棉袄，他说他没有。那时候，像我们这种人（我那时是乡村民办教师），

 * 本文图片由《延河》原常务副主编张艳茜及西安电影制片厂导演何志铭提供

** 作者系榆林市作协副主席、陕西省政协文史委供稿

路遥

大都是只有棉袄，没有大衣，可路遥却相反，这就有点特别。那时候的路遥看上去就是一个很有主见的人，脸上带着那种有毅力又有信心的表情，他很沉着，不爱多说话，但好像能理解别人所说的每一句话。我总的印象是，路遥是一个既普通又不普通的人。

1976年，路遥延安大学一毕业就进了《陕西文艺》（现《延河》杂志）编辑部，并于1979年和1983年两次获得全国优秀中篇小说奖。1985年，路遥当选为陕西省作家协会副主席，再加上电影《人生》的广泛影响，他一下子成了全国著名作家，特别是在他的故乡陕北黄土高原上，更是声名大振，达到了无人不知、无人不晓的程度。

榆林城里看中医

1987年夏季的一天，已经好几年不见的路遥突然离开西安，来到长城脚下的榆林城里。这一次，路遥再不像1983年那样，先是随摄制组来为《人生》选外景，后来又写《黄叶在秋风中飘落》的中篇小说，也不是像1985年那样来开长篇小说促进会。他是来治病的。

路遥写完《平凡的世界》第二部以后，精神和体力都十分疲劳，而西安城里

1966年11月，路遥在北京天安门广场接受毛泽东检阅时留影

的大医院又一下子说不清他究竟得了什么病。于是，他就抛开对大城市和大医院的依赖和迷信，跑来看中医。那时候，新建的榆林宾馆刚刚落成，路遥一来就住进了二楼的一个房间。

路遥来了，榆林的朋友们都纷纷去看他，但得知他得了病需要静养以后，一般就不再去打扰他。路遥的病，是中医名家张鹏举给看的。由于我们家离宾馆就百十米远，所以，路遥服用的汤药，一开始都是我用小电炉熬好再端到宾馆去的。张鹏举果然很有本事，才几剂中药吃下去，路遥的病情就有了好转。路遥的信心大增，对医生的嘱咐无不遵从，心情也逐渐轻松起来，私下里还和我们开玩笑说："这张鹏举尽给名人看病哩，王震、陈永贵、路遥……嘿！"

路遥《惊心动魄的一幕》文稿遭遇退稿，他懊恼地在麦田里走了一遭

榆林野外"串"一"串"

路遥心情好起来以后，我便常邀请他到野外去走一走。城外的榆溪河边有一条十分幽静的林荫小道，路遥说，要串（溜达）就到那条林间小道上去串，那里风光好。显然，他一个人已多次去过那里了。于是，

我们两个就穿过田野，来到了那条小道上。路遥说："这地方真是个谈恋爱的好地方。"确实，这里有野花，有鸟叫，还有清清的榆溪水，真是个好去处。又走了一会儿，我们来到了河边上护堤人住的一排砖房前。路遥开玩笑说："等多会有钱了，就把这五间房往下一买，雇上个烧锅炉的，再闹上个小老婆，往下一盛。"我说："对着哩。"心里想，这路遥真会享福。

等路遥的病情好些了，我还鼓动他到离榆林不远的内蒙古成吉思汗陵去逛了一趟。当我们一行人走到被榆林人称为北草地的小壕兔乡时，那一带富有诗情画意的美好风光一下子把路遥给吸引住了。他说："北草地……这是一部长篇小说的好名字。"又开玩笑说："等以后有条件了，在这里买上一片地，再买上个汽车，闹上个小老婆，往下一盛。"我们都说："好！"一路上就这么开着玩笑，很快就来到了神木县的尔林兔乡。这会儿已经到了吃早饭的时候了，我们想在乡上吃一顿便饭，又不知人家乐意不乐意。我们和乡上的人一说，人家听说车上拉的是路遥，非常热情，赶紧给我们安排休息的地方。正好神木县的公安局局长也来乡上办事，他也是个路遥的崇拜者。他问："能不能让我们见一下路遥？"我和地区文联的张泊说："能哩么！"于是，那位局长就和他的随行人员来到了我们跟前，问了路遥好几个问题。告别时，他和我们美美地握了一阵手。临了，乡上连饭钱也不要我们开。我们几个就对路遥说："看，跟上路副主席，有多么吃开！"

在乡上吃罢饭以后，我们又顺便把红碱淖海子看了看，就去了成吉思汗陵。那一夜，我们就住在了成陵招待所。晚上吃过饭以后，我们问路遥出去串不串，他说不去了。于是，我和张泊就相跟着串到了招待所后边的陵园里。我们两个胡逛了一大圈，在往回走的途中，不知怎么就谈起了同行的路遥。路遥这人，一看就是一个硬汉子，我们都觉得他怕是轻易不会受别人的气，那么，难免有人会受他的气。张泊说："路遥在作协院里，怕是可厉害哩。"我说："敢哩（可能吧）！"不想这时候天色已深，路遥就坐在我们回来的路牙子上，我们没有看见，他却显然听到了我们的话。他慢慢地往起一站，不动声色地问我们："你们两个说甚？"我们一看，乐了，说："我们说你在作协院里肯定很硬正（不受人欺负）！"路遥也不由得笑了，说："不松（不受气）！"后来他还与我俩约定，以后有机会了，要相跟上走一回"三边"（定边、安边、靖边）。

1991 年 6 月，路遥重回《平凡的世界》的创作地铜川煤矿

大致一个月以后，路遥的病情已基本好转，第二天就要离开榆林。头一天晚上，我到宾馆去看他，他显然对我有一种感激之情。大概是感激我给他熬过药，还感激我招待他在家里吃过不少次家常饭——主要是煮面条和掀面片——说下次到榆林来，一定要送我一本《平凡的世界》第一部——那时只出了第一部。临行收拾行李时，他还硬要把从西安带来的一些滋补药品转送给我，说："都是好药。"我推辞不掉，只好带回了家。路遥说，他到了冬天还要来，来写《平凡的世界》第三部。他说，他喜欢榆林的冬天，零下二十几度的严寒叫人觉得很有劲。

来榆林写《平凡的世界》第三部

果然，1987年初冬，路遥穿着一身当时人们都喜欢穿的水洗布夹克式外套，又住进了榆林宾馆的二楼。这一回，他的情绪不错，还对我们说，他穿着布衣裳回王家堡老家时，村子里的人们直夸他，说："看人家路遥，当了大干部了，还穿一身旧衣服，怪可怜的。"我们都被他逗笑了。

这一回，路遥是来写作的，大家都尽可能不去打扰他。但吃清涧家乡饭和陕北揪面片，却是路遥终生不改的嗜好。所以，他还是像前几次一样，每隔一两天就来我们家吃一回面片或面条。抓住这吃饭的机会，我请这位大作家为家乡的文学事业作了些贡献——给当地的一些文学社团题词或题刊名。他写字的态度很令人感动，有时候一个题词写下来，就累得要喘几口大气。他写给清涧宽州文学社的题词是："立足本土。"写给靖边《芦溪》杂志的题词是："三边多豪气，芦河有绵情。"另外，他还给神木的《驼峰》小报题写了刊名。每写完一个题词，他都会十分流利地写下"路遥"两个字。这两个字他显然练得很熟，写得也飞快，极潇洒。

也就是在这段时间里，我才真正看到了一个作家工作的辛苦。每天下午，路遥完成了当天的工作量（每天3000字），到我家来的时候，我发现他总是累得一口一口地喘粗气，有时候竟给人一

路遥与妻子林达在北京天安门广场

种换不过气来的感觉。那种劳累的程度，实在比我们农村人箍窑时背老石头的劳累还要重上好几倍。并且，背老石头起码每天晚上还可以安安稳稳地睡上一觉，可是写长篇小说就没有这么美气了。他即使晚上睡下觉，也还要盘算接下来的情节进展和人物活动，说不定还就盼望着能在睡梦中来点灵感，所以在整个写作周期内，没有一秒钟是轻松的。写作长篇小说，这一块沉重的"老石头"就日日夜夜不离身，一直要背整整几十天才算完。

写到中途的时候，有一天晚上闲谈时，路遥说，榆林城里也没个好消遣的地方，他想找人学跳舞。正好，我们这一层楼上就住着城里头最有名的舞星翟虹。她经过我们鼓动后，就抽空给路遥辅导起交谊舞来，舞场就设在我们家——自然连乐队也没有，只有录音机放出来的舞曲。路遥鼓励我也学跳舞，但我既不会又还不想学，就只是坐在床上看着他们跳。

有一回跳舞的中间，翟虹笑着悄悄地问我说："你晓得路遥的肚子为甚那么大？"我当然不知道，于是就趁着出门去卫生间的机会，笑着问路遥说："你晓得刚才我和翟虹笑甚来了？人家翟虹问说为甚你的肚子那么大？"路遥一听就笑了，一直笑到回屋里，才这样解释说："有一回，我妈在家里大出血，好几天没人管。我从延川跑到老家里，把家里人美美地嚷了一顿，站在公路上硬挡住一辆大卡车，给人家说了一阵好话，才把我妈拉到清涧城里，住进了医院。我妈需要大量输血，就抽了我的血。输完了血要补身体，我就把肚子吃大了。"我听了这话以后，就对翟虹说："以后再不要嫌路副主席的肚子大了。"说得大家又笑了一阵。

路遥经常到我们家里来，和周围的人们都处得很熟，大家在一起也都很随便。有一回，不知是谁和他开玩笑说："你这来（这么）丑，怎

路遥同铜川煤矿工人聊天，询问工人的家庭情况

么问了个北京婆姨？"路遥知道这是大家想听他的恋爱经历哩，就说："我原来谈的对象，不是现在这一个。那一个也是个北京知青。谈了一阵后，由于在'文化大革命'中，我当过群众组织的头头，还当过延川县'革委会'的副主任，人家就要逮捕我。我对象的一个同学就给我写信说，你现在处境不好，最好不要把她牵连了。我就写回信说，那就解除恋爱关系吧。而我如今这个婆姨，就和我头一个对象在一块插队，她对我很同情。后来，人家也不逮捕我了，我又上了延安大学，她还一直帮助我。我当时的想法是，谁供我上大学，我就和谁结婚。"路遥接着还对我们说，他在经济上沾过妻子林达的大光，他说："人家家里光景好。"

人生的最后几年

此后，路遥又来过榆林两次。一次是1988年的夏天，仍住在榆林宾馆。还有一次是在1991年，他获茅盾文学奖以后，回清涧时顺便上榆林宾馆住了两天。

路遥每次来榆林，照例都会到我们家来，因为晓得我们家没有洗澡的条件，还会问我们到宾馆洗澡不。我们也总是不客气，想洗了就去洗。特别是1987年，他来榆林一住就是几十天，几乎他来我们家吃过多少回揪面片，我们就去他那里洗过多少回澡。

然而，又有谁能料到，1992年8月以后，路遥竟一病不起，最后于1992年11月17日离开了人间。

听到噩耗，我呆若木鸡，好长一段时间，竟然不知道说什么好。没有办法，我只好把他送给我的《人生》和《平凡的世界》统统又看了一遍。我不由得回忆起八几年的时候有一回路遥来榆林，因害怕睡觉误了第二天的车，老霍（霍如璧）、老胡（胡广深）和我们几个人就在地区招待所中楼的一个房间里，天上地下，整整和他拉了一夜话，第二天凌晨又一起把他送到了南门口的汽车站。还有1991年他获茅盾文学奖后来我家，我女儿那天刚开学，就请"路遥叔叔"给她题句话。路遥想了想，写下一句："天天做好当天的事。"这样一句"为朱叶小朋友题"的话，写在了"1991年7月23日"这一天。

至今，在我的眼前还经常会浮现出1992年10月11日我去西安西京医院看他时，他一边抽烟一边说话的情景。我劝他不要再抽了，他艰难地说："不抽烟不好活。我每天想抽十支，可医生只让我抽五支。"那时路遥虽已病得不轻，但我仍相信他能战胜疾病，重新站起来。

一直到路遥逝世，看过了他的最后一部著作《早晨从中午开始》后，我才真正知道他这一辈子是把苦吃扎了。住在榆林宾馆时，天天都能洗个热水澡，每天都有比较丰盛的饮食，过几天还能在熟人家里吃一顿家乡饭，也许就是这位著名作家生前所能得到的少有的享受了，但他献给祖国和家乡的，却是洋洋几百万字史诗般的作品。

路遥在诗人柳青的墓前若有所思

说到这里，我又想起一件小事来。1991 年 10 月的一天黄昏，我去西安办事，顺便去省作协院里串。灯光下，看见才 40 岁出头的路遥一下子苍老了许多，我心里头不由得泛起一种苍凉的感觉。我不忍心说他老多了，只是问了他一句："你是不是苦可重哩？"路遥听了，淡淡地回答："噢。咱敢就是些受苦人么。"

人心里的那点温度

——是什么影响了我的文学创作之路

梁晓声 口述　于洋 整理

我们之所以一直这样敬重雨果，也在于他始终把我们对于人性的期望放在首位。我个人认为，对于文学艺术来说，人性的理想主义永不过时，我们对人性的美好愿望永不过时。

文学给了我关于真、善、美的启蒙性认知

每个人都有地理意义上的故乡，有的人还不止一处，但并不是所有的人都有精神的故乡，即思想被启蒙的地方。通常，我们发蒙于父母的言行，然后受形形色色的他者的言行，以及视野中逐渐纷杂的社会现象的影响。它们会是良好的，但也可能恰恰相反，于是蒙学又通过文章和书籍的方式来体现。

我感恩于书籍，尤其感恩于文学类的书籍。大凡读书，通常是由童话开始，进而至小说、传记，乃至更多方面，譬如历史、哲学等。无论

如何，我们与书籍最初的亲密接触，通常是和文学类的书籍有关。我认为这是文学最值得欣慰的一件事。

小时候，母亲经常是一边缝衣服、纳鞋底，一边给我们兄弟姐妹几个讲故事。母亲是在东北农村长大的，因我姥爷认识一些字，读过一些唱本，母亲受他的熏陶，也学会了讲"钓金龟""乌盆记""牛郎织女""天仙配""梁祝"等故事。"钓金龟"讲的是有两个儿子生活非常辛苦，有一天小儿子钓上来一只金龟，把它放了，就经常得到一些元宝。他不贪心，每隔一段日子才要一块元宝，使母亲生活得好一点。哥哥、嫂子看到了，以为弟弟一定是发财了，抢走了金龟，还把弟弟害死了。母亲讲这个故事，其实是在对我们进行孝的教育。但我是属于心理比较脆弱的，对残暴的事情非常抵触，所以非常同情弟弟、憎恨哥哥，所以也算是受到了"善"的启蒙。

"乌盆记"是讲有对夫妇因贪财而将一个人害死了，还焚尸灭迹，烧成乌盆。后来乌盆被别人买去，没想到乌盆居然还会说话，买主遂带它去衙门，最后为这个冤魂申了冤。这个故事对我们进行了一种有关道义担当的教育。

等我上了小学，好多故事就要到小人书铺里去看了。当时的小人书铺，都是把小人书的封面撕下来，在墙上贴一溜，每张编上号，一分钱看一本薄的，两分钱看一本厚的，很是训练孩子们的判断水平。我差不多到上初一、初二的时候，就把家附近几家小人书铺的书都看遍了。里头甚至包括希腊悲剧选集，当时我看不懂，更不能深刻理解，只是觉得有意思而已。

小人书铺给我的印象太深了。我曾经在一篇文章中谈到，小人书让我觉得自己像是百万富翁。那时候，全校也没几个拥有小人书的。我有一部电视剧《年轮》，其中有个情节就是，一个孩子积攒了许多小人书，

小时候，孩子们在小人书铺看书的情景

拿到地摊上租，租一次能换几分钱，积攒下来再买小人书，他觉得这是自己的财富。一次，小人书被警察没收，孩子哭了，他母亲带着他在派出所门前坐了一个晚上，最后把小人书要了回来。

当时我要求导演一定要把小人书这个情节拍好，要拍成冬季窗外飘着雪花，窗台上也落了一层松松的像棉花糖一样的雪花；屋里火炉的火光又红又温暖，水壶在火炉上发出轻微的响声，冒着水汽；在一条条长凳上，少男和少女并肩坐着，静静地看小人书。我还记得自己在小人书铺的时候，经常有一个小女孩也在看书，我们各拿着一本小人书，看完了趁租小人书的不注意，偷偷地交换一下。有时候我还悄悄瞥一眼女孩穿的布鞋，看到她穿着的紫色棉袜子，觉得好美。这是我记忆中最美好的时光，我也将它拍进了电视剧里。

看了那么多书，到目前为止，我最喜欢的还是"牛郎织女"的故事，它对我进行了夫妻爱情最初的启蒙。我在童年时期所设想的作为一个男人的幸福生活，就是像牛郎那样。

我读过托尔斯泰的《午夜舞会》：年轻的主人公在边防要塞做司令官的副官，司令官有一位美丽的女儿，他们不久就相爱了，开始筹划婚

礼。有一天，司令官的官邸公园举行舞
会，绅士淑女们翩翩起舞，年轻的军官
正和这位小姐手挽手散步，公园的另一
侧传来了哀号声。军官问是怎么回事，
小姐答：这是在执行我父亲的命令鞭笞
一名逃兵，他开了小差。军官请求小姐
制止这样的行为，讲了很多次，小姐却
仿佛没有听见，继续跟他谈着诗歌，并
告诉他：作为我的丈夫，你就更应该习
惯，这是我父亲的工作。军官吻了她的

小手，转身离去，心里想：哦，上帝，即使她是天女下凡，我也不能爱
上她。

这篇小说影响了我从少年时代直到现在的爱情观。它使我知道，作
为一个男人，我应该爱的是什么样的女性。如果一个女性不善良，无论
她有多少钱，无论她多么聪明，都不会使我动心。并且我认为，作为作
家，特别应该表现这一点。在电视剧《返城年代》中，我通过一个军人
家长的口，对她的孩子们说："一个青年不管有多少才能，如果他不善
良，那他也不能算是一个好青年，请你们永远记住这一点。"这也是我
的愿望。

文学带我走上了创作之路

读书的习惯一定是少年时期养成的。如果一个人在前半生没有养
成，靠后半生是很难的。像知识青年，如果"文革"前读了一些书就算
幸运了，如果没读，那就很不幸了。我这一代人中，就有相当多的人一
辈子都和读书这件事没有缘。

有个知青曾回忆，当时他们从全公社把所有书收集上来，要打成纸浆，因此必须把书都撕开。于是就组织集体围成一圈，坐在书堆旁一起撕书，撕一本书一分钱。我记得，"文革"开始之后几乎找不到书可读，常见的只有《毛主席语录》，以致我只要看到印在纸上的字都会异常兴奋。

为了能读书，有知青把书带到插队的地方。在陕北插队的知青曾告诉我，他们把书藏在一个窑洞里，劳动之后，派一个人进窑洞带出一本书，出来的时候挎上一个小篮子，书藏在里头，上面码些菜，像是在搞地下工作。

下乡的那段时期，我几乎一直是知识分子们的"一千零一夜"。到了晚上就是两件事，要么是打扑克、下棋赢烟卷，要么是"听晓声讲故事"。我绘声绘色地讲自己看过的每一本书里的故事，都讲完了就开始自己编故事。后来我在上海虹桥医院住院的时候，也经常给病友们讲故事，连值班护士也喜欢听，以至她们给我打针的时候都温柔了许多。我的创作就是从那个时候开始的。现在想来，那样的年代里，倘若没有文学，真是不堪想象。

书读得多了，回头再看的时候就会有所反思。比如说，最初读名著的时候，在我心里，《水浒传》是排在第一位的，因为它是现实的，有男人之间的义气，作为男孩子肯定是爱读的。第二是《西游记》，第三是《聊斋志异》，然后才是《三国演义》《红楼梦》。但是到中学以后就发生了变化，我会把《三国演义》排在前边，因为它的史诗性、宏大叙事以及众多的人物。我仍会把《西游记》排在第二位，还是因为它的想象力，此外是《封神榜》《聊斋志异》还有《红楼梦》，《水浒传》则排到了最后。我发现，其中有很多情节让我无法接受。比如说武松杀嫂，我不能够忍受武松把潘金莲绑在柱上，喝一口水喷向她，口里还要衔着刀子，剖腹挖心来祭奠他的哥哥。虽然潘金莲谋害武大郎理应接受惩罚，但即便一死也不该是这样的死法，这样的行为由武松来做，太不像武松了，他的形象因此而在我心里大打折扣。

我从童年到少年时期的生活都是美好的，这些都直接影响到我的写作。影响到什么程度呢？我基本上不写暴力、残忍的事情，即使写，也是谴责性的写法。我从 20 世纪 80 年代开始写小说，要知道，即便到了80 年代，在写到女性的时候，也一定得是"黑里透红的脸庞"，假小子一样的性格，一定是短发，不能写"白皙的皮肤"，否则叫思想意识有问题。因此，我写《这是一片神奇的土地》，在表达爱情与性的美好时，喜欢用省略号。这还是跟托尔斯泰学的，他总是点到为止。后来觉得这样的写法太不够，才开始也写爱情与性。即使这样，我仍旧是写它的美好。

20 世纪 70 年代，女知青在田间地头上读《毛主席语录》

我还写过几代中国女性尤其是中国母亲的生活形态。有多少这样的母亲：她们一辈子没穿过几件好衣服，没有什么文化，却拉扯大了共和国一代又一代的儿女。我经常觉得，我们这一代就是扯着母亲们的破衣襟长大的。

我也写过不好的书，那就是《恐惧》。我写了2000多万字的作品，几乎所有的文字，我都引以为豪。我经常跟朋友们说，我的书你们可以放心地买回去给孩子们看，只有《恐惧》例外。这本书创作于20世纪90年代初，当时社会上出现了一些不良风气。可能是多年的写作压抑，也可能是受了陀思妥耶夫斯基和左拉的影响，我写了暴力、变态的性、权钱交易等等。但这本书在当时发行量很高，是我所有作品中发行量最高的。甚至后来有书商开着白色的广本（这在当时非常罕见），特地到我家来说："谢谢你让我开上了这样的车。"但与此同时，一份报纸在下半版发了通栏的批判文章，大致上是说："像梁晓声这样的作家也堕落了吗？"这是南方小城的一位女作者写的，她很失望很气愤。

我问自己，如果一个作家不这样描写性和暴力，便不能把小说写深刻吗？答案是否定的。当这样自问的时候，我感到非常羞耻，因此给这位女作者回了一封信，表示接受这样的批评，并且保证这本书再也不再版了。此后十七八年里，它都没有再版过。前几年有出版社要出一整套我的作品集，建议还是把它收进去。我考虑了一下，于是在出版之前很认真地从书中删掉了两万多字。

文艺作品还要写出人在生活中应该是怎样的。我曾经和一个知青朋友讨论过这个话题，他说："我们下乡的时候，如果一个排长被打成了右派，连里命令不准送行，有人敢送吗？""实际情况很可能是不会送的。""那你为什么不按真实的来写？"我说，我想写人在生活中也应该是怎样的，我们可以去送的，哪怕因此也开了我们的批判会。如果不这样看问题，雨果的《悲惨世界》怎么办？现实生活中有多少像冉·阿让这样的人后来会成为一位好市长，后来会成为一个女孩的好父亲？而我们之所以一直这样敬重雨果，也在于他始终把我们对于人性的期望放在首位。我个人认为，对于文学艺术来说，人性的理想主义永不过时，我们对人性的美好愿望永不过时。

我觉得我们现在的文学作品，在这一点上做得太不够了。我们太缺少文化，太缺少文化人的力量。可能正是在这样的情况之下，我宁可少写一些小说，多写一些散文、随笔，如果还能收进我们中小学的教材中，甚至收进其他国家和香港地区的课本中，那么我的心愿就差不多达成了。从这个层面上讲，当我把自己作为一名中国知识分子的责任担当起来，突然拿起笔来面对小说的时候，会感觉我的小说已经用那样的方式写过了，因此接下来还是写一些散文、随笔，给人性、给人心加一点温度吧。

不靠父亲成功的女作家万方

———

刘　剑

　　近几年名著改编为电视连续剧热了起来，其中由万方创作的 22 集连续剧《空镜子》引起很大反响。全国各电视台都用黄金档播万方的作品，因为电视人的共同评价是："万方是个品牌，她拿出来的东西都是精品。"

　　电视连续剧《空镜子》问世以前，万方还是个名声与实力不太相称的女作家，这种现象在当今文坛是太普遍了。有的人能把自己炒得熠熠生辉，炒得远涉重洋，炒得洛阳纸贵，然而笔下未必能有与名声相称的文字。万方则相反，虽然已是个颇具实力的作家，却总像套中人一样封闭着自己，在 20 平方米的写作间里任思绪驰骋，让文字在稿纸上汩汩流淌，却少与外界的热闹场有什么交流。传播媒介最广的电视她从不露面，让纯文字走红的评论界她不打交道。报界也很少把她当作有特色的女作家来介绍。其实，万方早在十多年前就拿过电影金鸡最佳编剧奖，她的几部中篇小说登在《收获》上，文学圈内给了很高的评价。她曾应洛克菲勒基金会创作中心之邀赴意大利写作话剧《谁在敲门》。她创作的歌剧《原野》在美国演出获得了很大成功……

但万方总是默默耕耘的万方。

只是《空镜子》在全国热播，与《激情燃烧的岁月》一起被誉为近两年的极品，万方才成为热点，连规格最高的央视《东方之子》也用了上下两次专访把她介绍给观众。很多人知道了，原来《空镜子》的作者竟然是中国话剧界泰斗曹禺的女儿。而这一年正是万方的知天命之年，一个经历已经很丰富、精力仍然旺盛的作家。

也许是父辈的名声太大了，也许是她从记事的那一天起，就饱尝了名气和荣誉是怎样包围着一个人乃至一个家庭。小时候万方家里总是宾朋满座，文艺界的名流常常来拜会曹老，那些在舞台银幕上见到的大明星，对父亲总是那么尊重。在父亲身边，她如同一个小公主，总是被人们宠着。

可能是曹禺在话剧领域里已攀上了顶峰，也可能是22岁便以《雷雨》震惊天下而解放后再也没有突破的苦闷，当然更可能是20世纪50年代以来文艺界人士一直如惊弓之鸟，使曹禺希望女儿成为一名科学家和医生，而不愿培养她再去当个作家，但曹禺后来发出这样的感叹：我不得不承认潜移默化的力量，同时还有天性。曹禺让女儿转行的愿望落空了，他发现万方小时候对事物有种独特的表达方式，她看天上的乌云，会琢磨出种种鬼怪的影子，从墙壁的水迹中能找到公主、国王、神仙，能和童话的形象对上号。她跟着父亲去看《雷雨》，看着看着她哭了，曹禺以为她是被雷声吓哭的，其实她是被悲剧情节感动哭的。她特别喜欢写诗，上幼儿园时居然能写短诗，那诗句有快乐有忧伤，但却是大人想不出来的句子。万方还被父亲带到人民大会堂，熟练地背诵了一串毛主席的诗词："大雨落幽燕，白浪滔天……"一位气宇轩昂的老人听罢给她鼓掌并和她握手，说："小朋友，你念得很好。"她看着这个人面熟。曹禺告诉万方："跟你握手的就是周总理啊！"十多年后，就是在这个大会堂外，万方在清明节念了她写的悼念诗，在场的人都哭了，给她塞条子留地址，希望得到她的诗。

万方15岁时家庭发生重大变故，"文革"使她父亲和全家跌入深渊，他们住的八间房被红卫兵抢占，不得不住进两间低矮潮湿的小屋。一代戏剧大师曹禺竟然干起了看大门的工作，在首都剧场传达室搞勤杂。有次，一位日本戏剧界人士见到了狼狈不堪的曹禺，简直不相信自己的眼睛。后来可能是为了照顾影响，曹禺被安排到史家胡同里的人艺宿舍，但依然是看大门。曹禺胆子小，那时总是用非常羡慕的眼光看着扫大街的清洁工人，羡慕他们可以无忧无虑，可以不受歧视。对于万方来说，更大的不幸是她深深挚爱的母亲方瑞也在那个年代去世。方瑞是清代"桐城派"创始人方苞的后代，她的良好的文化素养被吴祖光称为"最后的大家闺秀"。母亲对万方的影响并不亚于大名鼎鼎的父亲，女性对子女的体贴常有男性不及之处，比如万方在幼儿园作的小诗都被她抄录在小本子上，直到她离开人世前还保存着。母亲去世给万方的打击极大，30年的时间过去了，她还常在梦中与母亲攀谈，还希望来世时再做母亲的女儿。

受到歧视的日子是刻骨铭心的，每当看到家门口贴着打倒父亲的标语，尤其是名字上的大叉子，万方吓得总是想哭。到了学校，她都没有资格进教室，总是坐在教室外的门口，以显示她不同于"红五类"孩子。17岁时，瘦小得还像十三四岁女孩的万方便到吉林扶余插队，她在田头常常有被风卷起的感觉，有时饿极了便到老乡家要点杂粮与咸菜。回忆起那段生活，她说在今天都市人的眼中，那简直是没法活，但当时的心情还挺愉快，因为毕竟从"狗崽子""黑帮家属"的歧视中走了出来。

万方虽然有个"反动权威"父亲，但毕竟比普通的"狗崽子"运气好。沈阳军区前进歌剧团的颜庭瑞政委也是个作家，他非常崇拜曹禺，认为曹禺是难得的国宝，他冒着风险想为他景仰的前辈做点事，把万方从农村调来搞创作。她到基层、到野战军去体验生活，没有任何按自己思想去创作的自由，只能不差分厘地去诠释当时的政策。她虽然比后来的知青作家更早地动笔，但恰恰这几年使她疏远了知青生活，未能在20世纪70年代后期同那些知青作家一同崛起。

直到20世纪80年代初，她才真正开始创作。她为曹禺改编电影剧本《日出》。改名著是件费力不讨好的事，幸而她有着与曹禺的父女关系，可以同父亲深入交流。曹禺已经年迈，不可能亲自动笔改编，但他发现女儿的感觉很灵，不仅改编得很有效率，而且让当代的青年人看得也很过瘾。《日出》获那一年金鸡奖最佳编剧奖。本来万方是可以借此机会红一把的，但她总是腼腆而真诚地对采访她的记者们说："等我再得一次奖您再写。"

曹禺的作品是一个宝库，万方爱父亲，也爱父亲的作品。身为中央歌剧院编剧的万方又尝试用歌剧形式改编《原野》。对此曹禺是很担心的。因为《雷雨》多次被改编为影视作品，却远没有达到话剧的水准，而歌剧与话剧艺术形式上相差更远。万方对原作进行了浓缩，压成四幕歌剧，而人物与感情乃至动作都在，加上她的唱词写得好，既是人物的，又高于人物，作曲家拿到唱词就说："我的音乐已经有了。"演员一唱就掉下眼泪。这个歌剧在中国演出成功，国际一流的美国肯尼迪艺术中心艾森豪歌剧院也上演了。万方应邀出席首演，她得知这个剧竟耗资100多万美元，导演是马里兰大学音乐系的主任里昂梅杰，总指挥及管理人员均为美国人，而演员主要是华裔，被美国人称为"中国人的戏，美国人的制作"。11场演出的入场券售价高达129美元一张，但票还是销售一空。这是万方又一次成功。她依然平静地对待这一切，没有借此制造轰动效应，只是把荣誉更多地给了作曲，她说："歌剧毕竟是属于作曲家的。"

万方并不是只会吃父亲老本的作家，她独立的文学创作也是出色的。她的几个中篇小说《在劫难逃》《杀人》《未被饶恕》《珍禽异兽》引起了文学界的关注。《在劫难逃》中写了一位年轻的知识女性。因为丈夫在婚后喜欢与哥们聊天玩耍，她常被冷落在家中。一次出差旅途中，她认识了一位同行的旅客，两人产生好感，并发生了婚外恋。作为女作家，万方对她的姐妹们在爱情、婚姻中的苦衷是很理解的。而《杀人》则更惊心动魄，小说中名叫六团的农村妇女，婚后不久就遭在城里工作的丈夫鞠生的遗弃。六团善良、本分又胆小，她虽然无望却坚韧地等待着，梦想着丈夫回心转意。她坚决不肯离婚，男权制度强加在女性身上的枷锁她都发自内心地接受。但这个可怜的女人却从绝望走向疯狂，终于杀死实际上站在她一边的婆婆。万方极为细致地表现出这个女人的心理变化层次，她的文字细腻真切，感情一点点地弥漫、渗透，把无望、乖戾的女人刻画得非常出色。

万方最喜欢写的是小说，小说最能把她内心深处的体验表达出来，但她又很实际，感到写小说养活不了自己，于是经常涉足电视剧，她知道写电视剧要占去她不少时间，而且写多了使写小说的感觉都受影响。但她毕竟生活在现实中，不得不变得世俗些。她父亲是无可争议的大师级人物，但20世纪80年代后期老人过得很拮据。有年春节中国剧协补助了他1000元，万方也不时给老人送钱，才使多病的曹禺过得不算狼狈。后来随着版权法的实施，香港买了他的演出版权，女导演李少红买了改编《雷雨》版权，才使曹禺的生活真正成为小康。万方不愿几十年后自己的晚年也是这样，她要趁年轻把钱挣足，要没有后顾之忧地写小说。90 年代中期她写了几十集电视剧，又应邀把李春波的歌《小芳的故事》改编成电影，拍完后她基本没有看过，她说好坏都是导演的事。写影视她也有极认真的时候，那是根据真人真事写的《牛玉琴的树》。为这个剧她去陕北采访了牛玉琴，她惊叹在这荒漠的黄土地上，一个普通的女性农民会用怎样坚韧不拔的精神在离家 15 里的地方种下 2 万亩树。在采访中万方发现牛玉琴的腰间总是挂着丈夫留给她的小铃铛，种树是她丈夫生前的遗愿，丈夫一直支配着她的生命和理想，使她这个小人物做出惊天动地的事。写此剧本时，万方几乎是一气呵成，播映后反响很强烈，有关部门评价，看来主旋律也可以写得很好看。牛玉琴成了英雄，几次来北京作报告，她总忘不了问候万方。万方却以知心朋友的身份劝她，你应该找个男人。

万方和曹禺既是父女，也是朋友。作为一个大戏剧家，曹禺教育孩子的方式也是独特的。小时候万方被父亲带去游泳，胆怯的万方进水后便抓住池边不松手，曹禺却按住她的头往水里扎，吓得她号啕大哭，还用小手打父亲，曹禺却哈哈大笑。万方学骑自行车时，年过五十的曹禺扶着车在后面跟着跑，他不时撒手让女儿摔个跟头，后来撒手也不摔了，万方的车也会骑了。这只是生活中的琐事。而对文学上的启蒙，曹禺却没有刻意做过，万方只是从父亲的学问、修养上学到过一些。哪怕讲故事，这位大师也颇讲究戏剧结构。他让万方当故事中的三公主，妹妹当四公主，讲着讲着三公主变得又狡诈又懒惰，万方大声抗议："三公主是曹禺！"曹禺把女儿逗急了很是开心，但接下去三公主变得既善良又能干。这种刻画人物的起伏也给了万方很深的印象。

万方很理解父亲，自从母亲去世，她知道父亲内心深处的孤独，万方希望父亲能从过去的痛苦中摆脱，为此她很感激她的继母李玉茹，并且亲切地叫她妈妈。万方说她让我爸爸高兴，她能在父亲病成这样还始终陪伴着。李玉茹的女儿李莉是导演过《杨乃武与小白菜》《上海一家人》的名导，她和万方本来是很好的合作对象，但一南一北，虽见面客客气气，却始终没有机会合作。

曹禺对女儿的个人生活也特别理解。万方婚姻曾有过一次变化，她后来的丈夫程世鉴也是一位剧作家。曹禺当初担忧的是对可爱的小外孙成长不利，但后来知道这种担忧是多余的。曹禺深情地写下，"万方有个儿子，也是圆头圆脑，很聪明。在儿子身上，她这个母亲可是花费了不少精力和时间，也尝到了不少痛苦。我不想谈孩子的婚姻、感情，因为这是他们自己的事"。

万方对曹禺是崇拜和爱戴的，20 世纪 90 年代又多了一层同情。曹禺的晚年疾病缠身，一直住在医院里，当年充满着睿智、思辨与幽默的人被岁月消蚀成这样，万方为此写道："我注视着爸爸，同时，我能感到他的梦。此刻，他的一生就像梦境一样，既真实又虚幻。他看见许许多多的人和事，他有愿望把这景象告诉我们，可是很困难。于是，在很多时间里，他孤独地待在梦里……"万方深知父亲内心的痛苦，她不管多忙，三天两头便去探望父亲。曹禺只有通过女儿才能了解外面的世界，他会像小孩似的问万方："今天给我说点什么呀？"曹禺的记性越来越差，对每天打针吃药的护士常常张冠李戴，护士们一笑了之。但曹禺却不时讲出大师的妙语，他对万方说："上帝安排得多妙啊，我们老人让年轻人受累，小孩也让人累，可是他可爱啊，怎么看怎么可爱。老人就不同了，丑，没有一点可爱的表演，上帝把你的丑脸画好了，让你知道该走了。"万方安慰父亲："你也可爱呀！"曹禺无奈地笑笑："你是我女儿，没有办法。"

曹禺晚年最感痛苦的是：他 20 岁出头就名震海外，被西方的同行称为"中国的莎士比亚"，但在壮年后他的作品很少，而且失去了早年的光彩。这当然不是曹禺一个人的独有现象，茅盾、巴金、老舍、沈从文都不同程度地经历了。但一直活到近21世纪的曹禺在生命的最后几年加发伤感，他曾痛苦地在病房里大喊："我痛苦，我要写一个大东西才死，不然我不干！我就是惭愧啊，我真想一死了之，我越想托尔斯泰越难受。"此时的万方是他唯一可以倾诉的对象，他的家属中只有万方一个人懂创作，他把万方视为生命和事业的延续。万方劝他，并让他把心中的苦闷倒出来，让他平静，让他由激动变为安睡。

曹禺看到女儿20世纪90年代创作上有了大的变化，高兴地说："你真的行，小方子，你可以写出好东西！"他在病房内看了万方创作的电视剧《牛玉琴的树》，第一次放开表扬女儿一次："非常感动人，又真实又动人。"作家出版社要出万方的小说集《和天使一起飞翔》，出版社非常希望曹禺写点东西，曹老身体十分虚弱，写一个字都很费力，他颤抖着手一笔一画地写着，几年前还遒劲有力的字竟写得像小学生一样。但他还是努力地写着，这是父爱的巨大力量吧。老人写道："在我的女儿里，万方是比较像我的一个，所以她成了写东西的人。她写的东西我看过，小说《杀人》我觉得有力量，给人思索，我曾担心她会是一个比较专注自己内心的作者，现在我不担这个心了，她能够写完全不是她的东西，极不相同的人和生活，而且是那么回事儿。可以说她具有创作的悟性和本领了。"对女儿的爱还体现在毫无拔高、偏爱的期望中，这位为中华民族留下堪称诸多瑰宝的文化巨人用最后的几百字告别了文坛。在这之后的几天，老人在沉睡中结束了他灿烂的一生。

遗憾的是，曹禺没有看到近几年大红大紫的万方……